Wolfgang Golther

Bayreuth

weitsuechtig

Wolfgang Golther

Bayreuth

ISBN/EAN: 9783943850499

Auflage: 1

Erscheinungsjahr: 2013

Erscheinungsort: Bremen, Deutschland

@ weitsuechtig in Access Verlag GmbH, Fahrenheitstr. 1, 28359 Bremen. Alle Rechte beim Verlag und bei den jeweiligen Lizenzgebern.

weitsuechtig

BAYREUTH

VON

WOLFGANG GOLTHER

VERLEGT BEI SCHUSTER & LOEFFLER
BERLIN UND LEIPZIG

FÜR BÜCHERLIEBHABER
WURDEN DIE ERSTEN ZWANZIG
EXEMPLARE DIESES BUCHES
AUF ECHTES BÜTTENPAPIER GE-
DRUCKT UND HANDSCHRIFT-
LICH NUMERIERT. DER PREIS
DIESER IN ORIGINAL-COLLIN-
LEDER GEBUNDENEN LUXUS-
AUSGABE BETRÄGT 10 MARK.
SIE IST DURCH ALLE BUCH-
HANDLUNGEN ZU BEZIEHEN

VORWORT

Die folgenden Betrachtungen versuchen eine kurze Schilderung, warum und wie Bayreuth ward, was es für die Gegenwart und Zukunft deutscher Kunst und Kultur bedeutet. Neben vieljährigen eigenen Erfahrungen gründe ich meinen Bericht nur auf die sichersten und besten Quellen, vor allem auf Richard Wagners Gesammelte Schriften, Band 6, 9, 10; auf die Briefe und Dokumente aus den Jahren 1871—76, die in den Bayreuther Blättern 1886 veröffentlicht wurden; auf Wagners Briefe an Muncker und Feustel in den Bayreuther Blättern 1900 und 1903; an Emil Heckel (Berlin 1899). Ferner kommen in Betracht: Karl Heckel, Die Bühnenfestspiele in Bayreuth, authentischer Beitrag zur Geschichte ihrer Entstehung und Entwicklung, Leipzig 1891; Chamberlain, 1876—96, Die ersten zwanzig Jahre der Bayreuther Bühnenfestspiele, in den Bayreuther Blättern 1896; E. Kloss, Zwanzig Jahre Bayreuth, Berlin 1896. Glasenapps

VORWORT

Leben Richard Wagners, III, 1, 1904; (reicht nur bis zur Grundsteinlegung am 22. Mai 1872; für die Festspiele sind wir immer noch auf die alte Ausgabe von 1882 angewiesen). Der Bayreuther Gedanke ist vor allem durch Nietzsche, Richard Wagner in Bayreuth 1876, und durch Chamberlain, Richard Wagner 1896 und 1901, beleuchtet worden. Für den ersten Abschnitt verweise ich noch auf Chamberlains ausgezeichnete kleine Schrift: „Das Drama Richard Wagners", Leipzig 1902, unter dem Wagners Schriften entnommenen Leitsatze: „Die Musik ist nicht Nebenbuhler des Dramas, sondern seine Mutter. Sie tönt, und was sie tönt, möget ihr dort auf der Bühne erschauen."

Rostock, Mai 1904.

Wolfgang Golther.

ZUR EINFÜHRUNG

Richard Wagner ist heute scheinbar weit und breit anerkannt. Und doch herrscht noch immer viel Un- und Missverstand über Bedeutung und Ziel der Meisterkunst. Kampflosung gilt nach wie vor. Früher bestritt man die Werke und ihren Kunstwert, heute streitet man über ihre Aufführung und über die Ehren, die dem Meister erwiesen werden sollen. Unsere Aufgabe kann nur sein, klares Wissen zu gewinnen dafür, was Richard Wagner war und wollte, und abzuweisen, was diese Erkenntnis stört und fälscht. Unter mancherlei Schlagwörtern und Formeln sucht man Wagners Bedeutung zu fassen. Für die meisten Menschen ist der „Fall Wagner" immer noch nichts als „ein Musikantenproblem". Wagner erscheint allenfalls noch als Reformator der Oper etwa wie Gluck, indem er sinnvolle Handlung schuf und seine Texte mit guter, sinngemässer Deklamation durchkomponierte, statt wie früher eine äusserliche und sinnlose Handlung zum Vorwand einzelner unterhaltender oder kunstvoller Musikstücke zu nehmen. Das ist eine ganz flache, äusserliche, rein formale Erklärung, die nur eine Begleiterscheinung herausgreift, aber nicht zum Wesen dringt. Im Weltwirrwesen spiegelt sich die Meisterkunst noch immer nur trübe und falsch. Von denen, die den Musiker verwerfen und den Dichter leugnen, bis zu denen, die Denkmäler setzen, für „Wagneropern" schwärmen und den Parsifal freigegeben wissen wollen, reichen alle möglichen und denkbaren Stufen des Missverständnisses. Vor alledem retten wir uns nur dadurch, dass wir auf Bayreuth zurückblicken, wo einzig und allein Wagners Geist in künstlerischen Taten immer von neuem auflebt. „Richard Wagner in Bayreuth", der Meister und sein Lebenswerk, das ist die einzig richtige und erschöpfende Formel, um anzudeuten, was hier sich offenbarte, ein leuchtender Gipfel deutscher Kunst und Kultur, eine Erscheinung, die daraus so wenig wegzudenken ist, wie Beethoven, Goethe und Schiller. Ich nenne die grössten: ihnen steht Richard Wagner völlig gleich, uns aber näher. Denn er wurzelt tiefer im deutschen Wesen und modernen Empfinden und hängt weniger von fremden Vorbildern ab, ist freier, eigenartiger. Richard Wagner ist der Schöpfer des deutschen Dramas aus dem Geiste der Musik, er führt das Sehnen und Suchen unsrer grössten Meister zum Ziel. Seiner unvergleichlichen Tatkraft gelang es endlich, diesem Kunstwerk auch die Werdestätte zu schaffen, wo es rein und unverfälscht in die Erscheinung treten konnte.

Das Drama Richard Wagners ist ein Festspiel der Künste, aus deren schön vereintem Streben sich wirkend erst das wahre Leben erhebt. Seine Grösse bleibt jeder einseitig nur literarischen oder musikalischen Betrachtung verborgen, offenbart sich aber unmittelbar und mit zwingender Gewalt dem natürlichen künstlerischen Empfinden. Das Missverständnis, das Wagner begegnet, rührt vielfach auch daher, dass wir durch Erziehung und Lehre künstlerisch verbildet und unfrei sind und alles, was nicht nach angelernten Regeln geht, nur schief und verzerrt sehen. Wagner der „Opernkomponist" ist ein solcher ungeheuerlicher Irrtum, der das Grosse, Erhabene, Eigenartige und Ungewöhnliche zum Kleinlichen und Gewöhnlichen erniedrigt.

Wir haben im folgenden uns klar zu werden über Richard Wagner in Bayreuth, das deutsche Drama, seine Werdestätte, seine mitschöpferische und innig teilnehmende Gemeinde. Alles das liegt im Namen Bayreuth, wie er uns „von dieser Bedeutung getragen zu einem teuren Angedenken, zu einem ermutigenden Begriffe, zu einem sinnvollen Wahlspruche" ward. Damit ist auch alles Parteiliche und Persönliche, das dem hässlichen Worte „Wagnerianer" anklebt, von vornherein abgetan.

DAS DRAMA AUS DEM GEISTE DER MUSIK

Wagners geschichtliche Stellung beruht auf der Entwicklung unsrer grossen deutschen Musik und Dichtung im 18. Jahrhundert. Hier wie dort war die Sonderkunst in der Fülle ihres nach Äusserung drängenden Gehalts zur Grenze ihrer Ausdrucksmittel gelangt, zugleich aber auch zu ungemeiner Verfeinerung, Steigerung und Vertiefung dieser Mittel innerhalb der Grenzen des Möglichen. Von Bach zu Beethoven ward die deutsche Musik geschaffen, als Ausdruck tief innerster Gefühle, als Vertonung innerlich erschauter Bilder, als symphonische Dichtung, als Offenbarung einer dichterischen Idee im Sinne des Schillerschen Wortes: „Die Musik in ihrer höchsten Veredelung muss Gestalt werden" — und damit als voller Gegensatz zum äusserlichen Formspiel einer bloss sinnlich gefälligen Scheinkunst. „Dies aber ist das Wesen des deutschen Geistes, dass er von innen baut." Deutsche Musik ist tief innerer Wesensausdruck, romanische

Musik Spiel des schönen Scheins. Der Deutsche ist Tondichter, der Romane Komponist. Unter allen Künsten steht, wie Schopenhauer meint, die Musik aber voran, weil sie vom Wesen redet, die anderen Künste nur vom Schatten, weil sie ganz unmittelbar den Urgrund und Ursprung unsres Empfindungslebens zu gestalten vermag. Wagner schreibt: „Wo die anderen Künste sagen: das bedeutet, sagt die Musik: das ist."

Der Tondichter hebt mit dem unausgesprochenen, oft auch unaussprechlichen Gefühl an, der Wortdichter mit dem verstandesmässigen Begriff. Damit treffen wir auf Gegenpole unsres seelischen Lebens, dessen restlos erschöpfende, unmittelbar fassbare und wirkungsvolle Darstellung die höchste Aufgabe der Kunst ist. Seit der Mitte des 18. Jahrhunderts suchen unsre deutschen Dichter nach einem deutschen Drama, nach dem höchsten, in Gehalt und Form ganz eigenartigen, selbständigen, grunddeutschen Kunstwerk. Der literarische Ausgangspunkt ihres Bemühens verführte zu

BAYREUTH

allerlei Umwegen und Irrtümern. Am Vorbild des französischen, englischen, klassischen Dramas ward das deutsche gesucht, das wie die Morgenröte eines neuen Tages manchmal gerade dort aufleuchtet, wo die Dichter der unzulänglichen Ausdrucksmittel ihrer Kunst sich bewusst werden und den Blick über die ihnen gesteckten Grenzen hinausschweifen lassen.

Die Bayreuther Blätter haben als „Stimmen der Vergangenheit" zahlreiche Aussprüche früherer Dichter und Denker gesammelt, „welche beweisen, dass auch in ihnen das von uns Erstrebte irgendwie als Ahnung, Wunsch oder Idee schon gelebt und dieselben Entgegnungen und Erschwerungen von seiten des Zeitgeistes und der Kritik zu erfahren gehabt hat, wir also keineswegs, wie man uns mitunter hat nachreden wollen, von allem geschichtlichen Zusammenhange uns herausgelöst, vielmehr überall unser Wollen als in dem edelsten Sinnen und Streben der Vorzeit wurzelnd betrachtet zu wissen wünschen." Zugleich aber sei an Schopenhauers Wort erinnert: „Von jeder

Wahrheit, ehe sie gefunden worden, gibt sich ein Vorgefühl kund, eine Ahndung, ein undeutliches Bild, wie im Nebel, und ein vergebliches Haschen, sie zu ergreifen; weil eben die Fortschritte der Zeit sie vorbereitet haben. Demgemäss präludieren dann vereinzelte Aussprüche. Allein nur wer eine Wahrheit aus ihren Gründen erkannt und in ihren Folgen durchdacht, ihren ganzen Inhalt entwickelt, den Umfang ihres Bereiches übersehen und sie sonach, mit vollem Bewusstsein ihres Wertes und ihrer Wichtigkeit, deutlich und zusammenhängend dargelegt hat, der ist ihr Urheber."

Lessing stellte im Laokoon die Grenzen zwischen den redenden und bildenden Künsten fest, um zu verhindern, dass sich der Dichter und Bildner im Stoff und in den Ausdrucksmitteln vergriff. Aber die Fortsetzung des Laokoon hätte eben die Möglichkeit und Notwendigkeit des Zusammenwirkens der Künste im Drama behandeln sollen. Von Poesie und Musik meint Lessing, „dass die Natur selbst sie nicht sowohl zur Verbindung als vielmehr zu einer und ebenderselben

Kunst bestimmt zu haben scheint. Es hat auch wirklich eine Zeit gegeben, wo sie beide zusammen nur eine Kunst ausmachten. Ich will indes nicht leugnen, dass die Trennung nicht natürlich erfolgt sei, noch weniger will ich die Ausübung der einen ohne die andere tadeln; aber ich darf doch bedauern, dass durch die Trennung man an die Verbindung fast gar nicht mehr denkt, oder wenn man ja noch daran denkt, man die **eine Kunst** immer nur zu einer **Hilfskunst der anderen** macht und von einer **gemeinschaftlichen Wirkung**, welche beide zu gleichen Teilen hervorbringen, gar nichts mehr weiss." Lessing wirft dann einen Blick auf die Oper, aber nur um zu erkennen, dass hier Musik und Poesie im Missverhältnis stehen, dass hier jede einheitliche künstlerische Wirkung durchaus fehlt.

J. G. Sulzer meint in seiner allgemeinen Theorie der schönen Künste (1771), dass die Oper „das grösste und wichtigste aller dramatischen Schauspiele" sein könne, „weil darin alle schönen Künste ihre Kräfte vereinigen". Der festeste Grund einer Reform der Oper „wäre ihre genaue Verbindung mit dem Nationalinteresse eines ganzen Volkes". „Die Hauptsache käme nun auf den Dichter an. Dieser müsste, ohne Rücksicht auf die Sänger, bloss dies zum Grundsatz nehmen: ein Trauerspiel zu verfertigen, dessen Inhalt und Gang sich für die Hoheit oder wenigstens das Empfindungsvolle des lyrischen Tones schickte. Dazu ist in Wahrheit jeder tragische Stoff schicklich; wenn nur dieses einzige dabei statthaben kann, dass die Handlung einen nicht eilfertigen Gang und keine schweren Verwickelungen habe." Die Musik soll ohne jede Künstelei als Verkünderin des dramatisch dichterischen Gehaltes „Kraft und Ausdruck der Empfindung haben". Die Einrichtung der Schaubühne ist wichtig, aber nicht um äusseren Prunk zu entfalten, sondern „um die Gemüter zu stimmen". So entwürdigt die Oper jetzt auch sei, „so wichtig und ehrwürdig könnte sie sein, wenn sie auf den Hauptzweck aller schönen Künste geleitet würde". Glucks musikalische Reformen wirkten unmittelbar

auf unsere Klassiker. Klopstock hatte den kühnen Gedanken einer altgermanischen Trilogie, Hermanns Schlacht, Hermann und die Fürsten, Hermanns Tod. Diese drei Dramen in Prosa sind mit schwungvollen Bardengesängen geschmückt. Glucks Lieblingsgedanke, der ihn bis aufs Totenbett begleitete, war die Musik zu Klopstocks Hermann. Wieland bemühte sich um Operndichtungen im Sinne Glucks, um das lyrische oder musikalische Drama, dem nur solche Stoffe gerecht würden, „welche der musikalischen Behandlung vorzüglich fähig sind". Gefordert wird „möglichste Einfalt im Plan" der äusseren Handlung, um uns tief „in das Innerste der Personen schauen zu lassen".

Herder verlangt eine deutsche Oper „auf menschlichem Grund und Boden, mit menschlicher Musik und Deklamation und Verzierung, aber mit Empfindung. Der Plan muss einfach sein: keine Verkleidung, keine Verwicklung, keine Geschichte und Novelle und Romane, keine Handlung, die das Auge auch ohne Ohr nicht sehen, erkennen, übersehen, verfolgen, beurteilen könnte. Der Taube muss die Oper verstehen können." "Der Fortgang des Jahrhunderts wird auf einen Mann führen, der, diesen Trödelkram wortloser Töne verachtend, die Notwendigkeit einer innigen Verknüpfung rein menschlicher Empfindung und der Fabel selbst mit seinen Tönen einsieht. Von jener Herrscherhöhe, auf welcher sich der gemeine Musikus brüstet, dass die Poesie seiner Kunst diene, stieg er hinab und lieh, soweit es der Geschmack der Nation, für die er Töne dichtete, zuliess, den Worten die Empfindung, der Handlung selbst mit seinen Tönen dienend. Er hat Nacheiferer, vielleicht eifert ihm bald jemand vor, dass er die ganze Bude des zerschnittenen und zerfetzten Opernklingklangs umreisse und ein Odeum aufrichte, ein zusammenhängendes lyrisches Gebäude, in welchem Poesie, Musik, Aktion, Dekoration eins sind." Herders letzte Arbeit war "Über den Zutritt der nordischen Mythologie zur neuen Dichtkunst", und er schloss mit den Worten aus Gerstenbergs Gedicht eines Skalden:

"In neue Gegenden entrückt,
Schaut mein begeistert Aug' umher, erblickt

BAYREUTH

Den Abglanz höhrer Gottheit, ihrer Welt,
Und diese Himmel ihr Gezelt!
Mein schwacher Geist, in Staub gebeugt,
Fasst ihre Wunder nicht und schweigt."

Schiller „hatte immer ein gewisses Vertrauen zur Oper, dass aus ihr wie aus den Chören des alten Bacchusfestes das Trauerspiel in einer edleren Gestalt sich loswickeln sollte. In der Oper erlässt man wirklich jene servile Naturnachahmung, und obgleich nur unter dem Namen von Indulgenz, könnte sich auf diesem Wege das Ideale auf das Theater stehlen. Die Oper stimmt durch die Macht der Musik und durch eine freiere harmonische Reizung der Sinnlichkeit das Gemüt zu einer schöneren Empfängnis; hier ist wirklich auch im Pathos selbst ein freieres Spiel, weil die Musik es begleitet, und das Wunderbare, welches hier einmal geduldet wird, müsste notwendig gegen den Stoff gleichgültiger machen." In den ausgezeichneten Vorbemerkungen zur Braut von Messina „Über den Gebrauch des Chors in der Tragödie" erhofft Schiller vom Chor fast ganz dasselbe, was Wagner von der Mitwirkung der Musik im

Drama verlangt: eine Stilisierung, die das Reale und Ideale glücklich ausgleicht, eine Entlastung und Reinigung der Handlung von aller Reflexion, eine Erhebung der ganzen Sprache des Gedichtes. „Wie der Chor in die Sprache Leben bringt, so bringt er Ruhe in die Handlung, aber die schöne und hohe Ruhe, die der Charakter eines edeln Kunstwerkes sein muss." Drei Tage vor seinem Tode sagte Schiller, den wir als den Schöpfer des historischen Dramas zu betrachten pflegen, der aber in seinen Entwürfen weit darüber hinausgriff: „Gebt mir Märchen und Rittergeschichten, da liegt doch der Stoff zu allem Schönen und Grossen."

Goethe meinte einmal: „Wenn alle diese Künste (Poesie, Malerei, Gesang, Musik, Schauspielkunst) und Reize von Jugend und Schönheit an einem einzigen Abende und zwar auf bedeutender Stufe zusammenwirken, so gibt es ein Fest, das mit keinem andern zu vergleichen." Im Faust sind auch in jeder Hinsicht alle Schranken des herkömmlichen gesprochenen Dramas übersprungen. Wir haben hier schon das Gesamtkunstwerk, das

Drama aus dem Geiste der Musik, freilich leider ohne die Partitur, die den Rhythmus des Spieles und den Vortrag uns bezeichnen könnte.

Jean Paul schrieb am 24. November 1813, sechs Monate nach Wagners Geburt: „Bisher warf der Sonnengott die Dichtergabe mit der Rechten, die Tongabe mit der Linken zwei so weit auseinanderstehenden Menschen zu, dass wir noch bis auf diese Stunde des Mannes harren, der eine echte Oper zugleich dichtete und setzte."

Durch alle diese Aussprüche, die sich noch sehr vermehren liessen, geht die tiefe Sehnsucht nach einem Drama, das alle Künste, insbesondere aber Töne und Worte, zu einer organischen Einheit verbände, das durch edle Einfachheit des womöglich deutschen, sagenhaften oder mythischen Stoffes und der äussern Handlung, durch einen streng stilisierten, vornehmen und der Willkür enthobenen Vortrag von den vorhandenen gesprochenen Literaturdramen sich unterscheide. Zugleich aber besteht die feste Überzeugung, dass die Oper nur äusserlich und unorganisch zu leerem Prunk ohne künstlerische Notwendigkeit die Sonderkünste nebeneinander stelle, dass mithin der Einheits- und Mittelpunkt erst gefunden werden müsse, von dem aus die natürliche, notwendige, lebendige Verbindung zu geschehen habe.

In der Tonkunst, wie sie durch Beethoven geschaffen wurde, ist nun aber wirklich die Seele des von unsren Klassikern gesuchten Dramas gewonnen, die Möglichkeit und Fähigkeit, das Wichtigste und Wesentlichste unmittelbar auszudrücken, wie Wagner einmal sagt: „Das Orchester ist das Vermögen der Kundgebung des Unaussprechlichen." Die Tonsprache Beethovens und Wagners ist „die tiefe Kunst des tönenden Schweigens". Was Wagner hier, mächtig der Tat, gestaltend in das Drama einführte, ist von den Dichtern, die nicht nur im Literarischen befangen blieben, geahnt und genau bezeichnet worden. Hierfür folgende Beispiele: Von Schiller wissen wir, dass er aus musikalischen Empfindungen und Stimmungen heraus dichtete. Streicher erzählt von der Entstehung der Luise Millerin, wo die Musik

Schillers Begeisterung erhielt und das Zuströmen der Gedanken erleichterte. Mit einbrechender Dämmerung begann Streicher auf dem Klavier zu phantasieren, „während Schiller im Zimmer, das oft bloss durch den Mondschein erleuchtet war, mehrere Stunden auf und ab ging und nicht selten in unvernehmliche begeisterte Laute ausbrach". Heinrich von Kleist war der Meinung, dass der Mensch überschwengliche Gefühle nicht auszusprechen vermöge, sondern, wenn er sie hat, verstumme, weil er keine dem Gefühl entsprechenden Worte finde. „Ach, es gibt kein Mittel, sich andren ganz verständlich zu machen, und der Mensch hat von Natur keinen andern Vertrauten als sich selbst." „Selbst das einzige, was wir besitzen, die Sprache, taugt nicht dazu, sie kann die Seele nicht malen, und was sie uns gibt, sind nur zerrissene Bruchstücke." Otto Ludwig schildert den seelischen Zustand des dramatischen Dichters in lichtvoller Weise also: „Es geht eine Stimmung voraus, eine musikalische, die wird mir zur Farbe, dann sehe ich Gestalten, eine oder mehrere, in irgendeiner Stellung oder Gebärdung für sich oder gegeneinander ... Wunderlicherweise ist jenes Bild oder jene Gruppe gewöhnlich nicht das Bild der Katastrophe, manchmal nur eine charakteristische Figur in irgendeiner pathetischen Stellung; an diese schliesst sich aber sogleich eine ganze Reihe, und vom Stücke erfahre ich nicht die Fabel, den novellistischen Inhalt zuerst, sondern bald nach vorwärts bald nach dem Ende zu von der erstgesehenen Situation aus schiessen immer neue plastisch-mimische Gestalten und Gruppen an, bis ich das ganze Stück in allen seinen Szenen habe; dies alles in grosser Hast, wobei mein Bewusstsein ganz leidend sich verhält und eine Art körperlicher Beängstigung mich in Händen hat ... Nun findet sich zu den Gebärden auch die Sprache. Ich schreibe auf, was ich aufschreiben kann, aber wenn mich die Stimmung verlässt, ist mir das Aufgeschriebene nur ein toter Buchstabe."

Jede menschliche Handlung besteht zunächst aus einem inneren Motiv, einer seelischen Erregung, und aus deren Äusse-

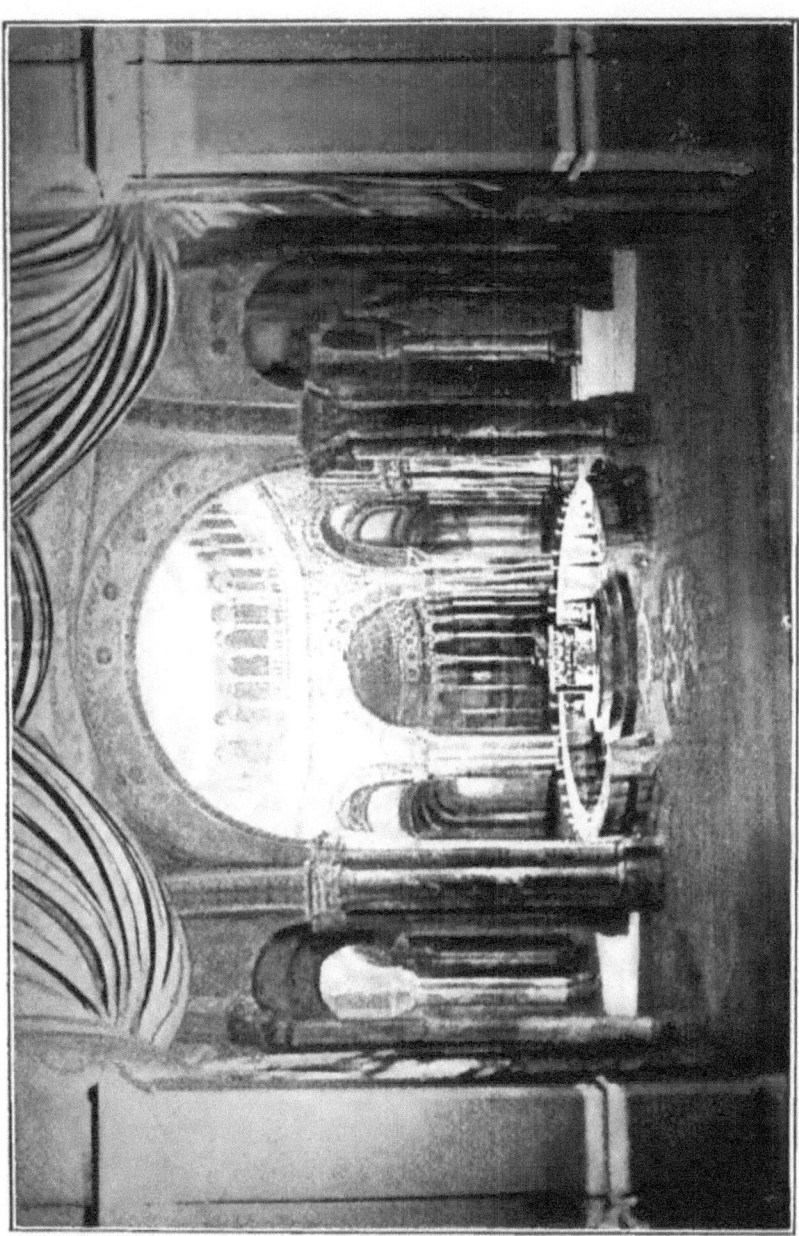

rung in Wort und Gebärde. Während der Wortdichter nur die an den Verstand gerichteten Äusserungen schildern kann und sozusagen auf Umwegen das Seelische und Unaussprechliche erraten lässt, während er zum Wort nur noch sehr allgemein die Gebärde fügen kann, baut der Tonwort-Dichter von innen nach aussen, durchleuchtet seine Gestalten von innen her und besitzt vor allen andern das wichtigste künstlerische Ausdrucksmittel, „die Seele zu malen". Nietzsche sagt: „Wagner, der erste, welcher die inneren Mängel des Wortdramas erkannt hat, gibt jeden dramatischen Vorgang in einer dreifachen Verdeutlichung, durch Wort, Gebärde und Musik; und zwar überträgt die Musik die Grundregungen im Innern der darstellenden Personen des Dramas unmittelbar auf die Seelen der Zuhörer, welche jetzt in den Gebärden derselben Personen die erste Sichtbarkeit jener inneren Vorgänge und in der Wortsprache noch eine zweite abgeblasstere Erscheinung derselben, übersetzt in das bewusstere Wollen, wahrnehmen. Alle diese Wirkungen erfolgen gleichzeitig und durchaus ohne sich zu stören und zwingen den, welchem ein solches Drama vorgeführt wird, zu einem ganz neuen Verstehen und Miterleben, gleich als ob seine Sinne auf einmal vergeistigter und sein Geist versinnlichter geworden wäre, und als ob alles, was aus dem Menschen heraus will und nach Erkenntnis dürstet, sich jetzt in einem Jubel des Erkennens frei und selig befände."

In seiner Schrift „Über das Dichten und Komponieren", 1879, unterscheidet Wagner in tiefsinniger Weise drei Stufen des „Poietes": den Seher, den Dichter, den Künstler. Der Seher sieht nicht bloss wie die gewöhnlichen Sterblichen den Schein, sondern schaut zum Grund der Dinge, das Wesen der Welt. Seinem scharfen und tiefen Blick offenbart sich die Wahrheit. Die Sehergabe ist unbewusstes künstlerisches Erkennen. Der Dichter ist bewusster Schöpfer. Aus der Anschauung erhebt er sich zur Mitteilung und Darstellung. Der eigentliche Dichter ist der Erzähler, der Epiker, der Schilderer in irgend einer Sonderkunst. Er gibt gleichsam beschränkten und einseitigen Bericht von dem, was er als Seher geschaut. Der Künstler aber verwirklicht durch Beherrschung und Anwendung der höchsten, allumfassenden Kunst zu unmittelbarster sinnlicher Anschauung alles, was der Seher schaute und wovon der Dichter erzählte. Dieser Künstler ist aber vor allem der lyrische Tragiker, der in seinem Werk restlos und mit vollendeter Deutlichkeit alles gestaltet. Tonkunst, Tanzkunst und Dichtkunst, d. h. seelische Erregung, Gebärde, Wort oder das Motiv, die Mimik, die Rede betrachtete Wagner von Anfang an als die bindenden und gestaltenden Grundkräfte des Gesamtkunstwerks. Dies alles ist in wundervoll klarem und einheitlichem Rhythmus gegeben, in jenem erhabenen, grossen Stil, den Goethe und Schiller als reinste Kunst, als Ausgleich und Versöhnung blosser Naturnachahmung und manierierter, d. h. von aussen her geholter Form erstrebten, aber mit ihren „dichterisch" beschränkten Ausdrucksmitteln doch nie klar genug zu fassen und darzustellen vermochten. Die Musik gab dem deutschen Drama die Seele und schuf ihm die Gestalt, baute das Kunstwerk von innen nach aussen.

Natürlich mussten hierbei Sprache und Musik eigenartig und neu fortgebildet werden, so dass dem einseitigen Literator und Fachmusiker vieles, wenn nicht alles unverständlich blieb, dem wirklich Musikalischen, d. h. künstlerisch Empfindenden aber alles erst recht deutlich und unmittelbar verständlich ward. Nietzsche fährt fort: „Weil jeder Vorgang eines Wagnerischen Dramas sich mit der höchsten Verständlichkeit dem Zuschauer mitteilt, und zwar durch die Musik von innen heraus erleuchtet und durchglüht, konnte sein Urheber aller der Mittel entraten, welche der Wortdichter nötig hat, um seinen Vorgängen Wärme und Leuchtkraft zu geben. Der ganze Haushalt des Dramas durfte einfacher sein, der rhythmische Sinn des Baumeisters konnte es wieder wagen, sich in den grossen Gesamtverhältnissen des Baues zu zeigen... Die Sprache zog sich aus einer rhetorischen Breite in die Geschlossenheit und Kraft einer Gefühlsrede zurück; und trotzdem, dass der darstellende

BAYREUTH

Künstler viel weniger, als früher, über das sprach, was er im Schauspiel tat und empfand, zwangen jetzt innerliche Vorgänge, welche die Angst des Wortdramatikers vor dem angeblich Undramatischen bisher von der Bühne ferngehalten hat, den Zuhörer zum leidenschaftlichen Miterleben, während die begleitende Gebärdensprache nur in der zartesten Modulation sich zu äussern brauchte. Nun ist überhaupt die gesungene Leidenschaft in der Zeitdauer um etwas länger, als die gesprochene; die Musik streckt gleichsam die Empfindung aus: daraus folgt im allgemeinen, dass der darstellende Künstler, welcher zugleich Sänger ist, die allzugrosse unplastische Aufgeregtheit der Bewegung, an welcher das aufgeführte Wortdrama leidet, überwinden muss. Er sieht sich zu einer Veredlung der Gebärde hingezogen, um so mehr, als die Musik seine Empfindung in das Bad eines reineren Äthers eingetaucht und dadurch unwillkürlich der Schönheit nähergebracht hat.

Die ausserordentlichen Aufgaben, welche Wagner den Schauspielern und Sängern gestellt hat, werden auf ganze Menschenalter hin einen Wetteifer unter ihnen entzünden, um endlich das Bild jedes Wagnerischen Helden in der leiblichsten Sichtbarkeit und Vollendung zur Darstellung zu bringen: so wie diese vollendete Leiblichkeit in der Musik des Dramas schon vorgebildet liegt."

Chamberlain sagt von diesem Drama: „Durch die Mitwirkung der Musik wird der Atem der Dichtkunst zu ungeahnter Fülle ausgedehnt und der Wortdichter gewinnt die Fähigkeit zu Kühnheiten, die er allein nicht hätte wagen können. Und umgekehrt bedeutet für die Musik der unendlich mannigfaltig zu gestaltende Sprachvers eine ewig quellende Befruchtung des rein musikalischen Vermögens des Menschen." Allerdings werden in diesem streng geschlossenen Kunstwerk sogenannte Schönheiten der Einzelkünste, schöne Stellen, dankbare Nummern und dergleichen Tand zwecklos, überflüssig, ja unmöglich. Alles dient dem Ganzen. Und damit ist auch eine neue Schauspielkunst geschaffen, zu der Appia bemerkt: „Dem Schauspieler bleibt jetzt nichts mehr in einer Rolle zu schaffen, sondern der Dichter stellt die Rolle fertig hin, er haucht ihr den Lebensatem ein; der Schauspieler hat keinerlei Recht auf sie; sein höchstes Ziel muss die vollkommene Entsagung sein, um durch die Vermittlung der Musik die neue Seele, die der schöpferische Dichter ihm aufzwingt, zu empfangen und sie die volle Herrschaft über ihn gewinnen zu lassen." Es vollzieht sich also hier, wie Wagner sagt, „die Seelenwanderung des Dichters in den Leib des Darstellers" und zwar in einer Weise, wie vordem ganz undenkbar. Hier wird der Darsteller wirklich Bildner und Gestalter, kein eitler Komödiant, der mit eigenen geistreichen Einfällen und mit falschem Vortrag eine Rolle verdirbt.

Dieses Drama aus dem Geiste der Musik nennt Chamberlain mit Recht schlechthin das **deutsche Drama** und Wagner seinen Schöpfer. Aus deutschem Grunde, aus dem Sehnen deutscher Ton- und Wortdichter ist es erwachsen und von einem deutschen Meister ins Leben gerufen.

DIE FESTSPIELE

Als echter Künstler geht Wagner immer vom Erlebten und Erschauten, niemals vom Gedachten aus. Aus der Erfahrung und aus dem Versuch stellt er seine Forderungen. Im Kampfe mit den zahllosen Hemmnissen, die die Gegenwart dem künstlerischen Schaffen entgegensetzt, klären sich erst langsam und allmählich, aber auch immer reiner und grösser die Ziele der Zukunft. Wagner suchte sein Drama zunächst durchaus im Anschluss an die gegebenen Verhältnisse, in der Form der Oper und im stehenden Theater zu verwirklichen. Und hieraus erwuchsen zahllose neue Irrtümer. Noch heute sieht man an unsern Theatern fast durchweg in den ältern Werken bis zum Lohengrin nur die Oper, greift bei den Aufführungen nur die Züge heraus, in denen jene Werke noch der Opernform äusserlich und scheinbar nahestehen, und lässt die Hauptsache: das Drama, ganz beiseite. Wagner selber sagt einmal, er verdanke seine Beliebtheit eigentlich nur diesem

Das projektierte Münchener Festspielhaus nach GOTTFRIED SEMPERS Entwurf

BAYREUTH

Missverständnis, „einem Gefallen an lyrischen Details", dem die stillosen opernhaften Aufführungen immer von neuem Vorschub leisten. Um seine Werke vor Zerstücklung, vor dem Opernwahne, vor der bösen Verwechslung mit solcher Afterkunst zu wahren, um ihre Eigenart zu offenbaren, galt es zunächst, richtige Aufführungen zustande zu bringen. Da war alles zu tun. Aus gewöhnlichen Opernsängern mussten dramatische Darsteller werden, die wiederum von der herkömmlichen Schauspielerei des gesprochenen Dramas durchaus verschieden sein sollten. Für diese neue Forderung gab es überhaupt noch gar keine Vorbilder. Der eisernen Tatkraft des Meisters und seiner bezwingenden persönlichen Macht gelang wohl in einzelnen Fällen die künstlerische Erziehung zum musikalischen Schauspieler; aber wo diese unmittelbare persönliche Einwirkung fehlte, also überall ausser in Dresden bis 1849, war gar nicht denkbar, dass auch nur zum bescheidensten Teil den hohen Ansprüchen des neuen Dramas genügt wurde.

Wenn Goethe im „Vorspiel auf dem Theater" die verschiedenen Standpunkte, die

Dichter, Bühnenleiter, Schauspieler und Zuhörer dem Kunstwerk gegenüber einnehmen, nebeneinanderstellt, also die Öffentlichkeit, der er seinen Faust preisgibt, ironisch-humoristisch ins Auge fasst, wohl wissend, dass das hehre Kunstwerk in dieser Welt nie zu seinem Rechte kommen wird, sondern dem wüsten Spiel von Vorteil und Gefahr anheimfällt, so dachte Wagner ganz anders. Er war nicht gewillt, seine idealen Forderungen dem Zufall aufzuopfern, sondern setzte alles dran, einer feindseligen Welt zum Trotz seine künstlerischen Grundsätze voll und rein zu verwirklichen. Und daraus ward Bayreuth.

Mit den Bestrebungen unserer Klassiker um ein deutsches Drama trat natürlich auch alsbald die Forderung einer richtigen und möglichst vollendeten Darstellung, also einer deutschen Bühne und Schauspielkunst, hervor. Schon Gottsched erstrebt bei all seiner Beschränktheit einen angemessenen Vortragstil, noch mehr Lessing und der geniale Schauspieler und Bühnenleiter Friedrich Ludwig Schröder (1744—1816) in Hamburg, endlich Goethe und Schiller in Weimar. Es handelt sich um die Idealisierung des Theaters zu echt künstlerischer Leistung, zur Erhebung aus blossem Geschäftsbetrieb und aus der niedren Sorge ums tägliche Vergnügen.

Schillers Aufgabe war ein edler und würdiger Spielplan, Goethe erzog die Schauspieler zu stilvoller Darstellung in Vortrag und Gebärde. Aber die Weimarer Schule verflachte nach Goethes Rücktritt in hohles Pathos. Und dann kam die schreckliche, unkünstlerische Virtuosenzeit, wo das Kunstwerk durch selbstgefällige persönliche Eitelkeit des Komödianten völlig beiseite geschoben wurde. In München ward Dingelstedt 1854 Begründer jener unseligen sog. „Mustervorstellungen", zu denen eigensinnige und eigensüchtige Virtuosen sich versammelten und mit effekthaschender Komödiantenwirtschaft das hohe, ernste Drama vollends ganz verdarben. „Mustervorstellung" und Bayreuther Kunst sind so unvereinbare, schroffe Gegensätze wie persönliche Eitelkeit und opferwilliger Gralsdienst. Nur auf moralischem Grunde, aus der Ehrfurcht vor dem Kunstwerk, konnte eine wirkliche Schauspielkunst erstehen, z. B. unter Immermann in Düsseldorf 1834/7 und bei den Meiningern, unter sorgsamster Pflege einer Spielleitung, die alle Mitwirkenden zur einheitlichen Darstellung streng im Geist des Dramas erzog.

In diese Welt der Opernsänger und Komödianten trat also der Schöpfer des deutschen Dramas. Wo waren die mitschöpferischen künstlerischen Genossen, denen die Verwirklichung dieses unerhört neuen Kunstwerkes anvertraut werden konnte? Und doch versuchte Wagner lange und immer aufs neue, ans Bestehende anzuknüpfen, die ständigen Theater zu künstlerischen Taten anzufeuern und emporzuläutern. Mit Rat und Tat war er unermüdlich zur Hand, wo eine Gelegenheit sich auftat. Und wo ihm die Tat vergönnt war, erzielte er immer ein Festspiel. Schon 1838 als Kapellmeister in Riga erstrebte er mit seiner Operngesellschaft festliche Aufführungen edlerer Werke, z. B. von Méhuls Joseph. „Dass solche Eindrücke, welche blitzartig mir ungeahnte Möglichkeiten erhellten, immer wieder sich mir bieten konnten, das war es, was immer wieder mich an das Theater fesselte, so heftig auch andererseits der typisch gewordene Geist unserer Opernaufführungen mich mit Ekel erfüllte." Aber zugleich schreibt Wagner auch: „Das, was wir unter Komödiantenwirtschaft verstehen, tat sich mir in vollster Breite auf und ekelte mich plötzlich so heftig an, dass ich alles beiseite warf, dem Theater gegenüber mich immer mehr nur auf die blosse Ausübung meiner Dirigentenpflicht beschränkte, vom Umgange mit dem Theaterpersonale immer vollständiger absah, und nach innen in die Gegend meines Wesens mich zurückzog, wo der sehnsüchtige Drang, den gewohnten Verhältnissen mich zu entreissen, seine stachelnde Nahrung fand. In dieser Zeit lernte ich bereits den Stoff des Fliegenden Holländers kennen." 1848 schrieb Wagner seinen „Entwurf zur Organisation eines deutschen Nationaltheaters" in Dresden, wo er wenige, aber nur vorzügliche Aufführungen verlangt und treffliche Ratschläge zur Verwirklichung dieses Gedankens gibt. In denselben Bahnen, ans Gegebene und Mögliche anknüpfend, bewegen sich die Schriften über ein „Theater in Zürich" 1851, das „Wiener Hofoperntheater" 1863, eine in München zu errichtende deutsche Musikschule, 1865. Aber gerade auch im Rückblick auf das erste Festspiel, den Münchener Tristan vom Mai und Juni 1865, muss Wagner sich gestehen: „Die Ermöglichung einzelner, in meinem Sinne korrekter theatralischer Leistungen konnte nicht ausreichend sein, sobald diese nicht gänzlich ausserhalb der Sphäre des heutigen Opernwesens gestellt waren; das vorherrschende Theaterelement unserer Zeit, mit allen seinen nach innen und aussen wirkenden, gänzlich unkünstlerischen, undeutschen, und sittlich wie geistig verderblichen Eigenschaften ist es, welches sich stets wie ein erdrückender Dunstnebel wieder über die Stätte zusammenzieht, von wo aus es den ermüdendsten Anstrengungen etwa gelingen konnte, einmal auf das Sonnenlicht ausblicken zu lassen."

Der eigentliche Festspielgedanke ist aber unlöslich mit der Entstehung des Rings verknüpft. Wie Wagner mit diesem Gedicht „gänzlich aus allem Bezug zu unserem

BAYREUTH

heutigen Theater und Publikum heraustrat, bestimmt und für immer mit der formellen Gegenwart brach", so ergaben sich auch ganz neue Bedingungen und Voraussetzungen für seine Darstellung. Er schreibt darüber zuerst am 20. September 1850 an Uhlig:

„Könnte ich je über 10000 Taler disponieren, so würde ich folgendes veranstalten: — hier (in Zürich), wo ich nun gerade bin und wo manches gar nicht so übel ist, würde ich auf einer schönen Wiese bei der Stadt von Brett und Balken ein rohes Theater nach meinem Plane herstellen und lediglich bloss mit der Ausstattung an Dekorationen und Maschinerie versehen lassen, die zur Aufführung des Siegfried nötig sind. Dann würde ich mir die geeignetsten Sänger, die irgend vorhanden wären, auswählen und auf sechs Wochen nach Zürich einladen — — —

So würde ich mir auch mein Orchester zusammen laden. Von Neujahr gingen die Ausschreibungen und Einladungen an alle Freunde des musikalischen Dramas durch alle Zeitungen Deutschlands mit der Aufforderung zum Besuche des beabsichtigten dramatischen Musikfestes: wer sich anmeldet und zu diesem Zwecke nach Zürich reist, bekommt gesichertes Entree — natürlich wie alles Entree: gratis! Des weiteren lade ich die hiesige Jugend, Universität, Gesangvereine usw. zur Anhörung ein. Ist alles in gehöriger Ordnung, so lasse ich dann unter diesen Umständen drei Aufführungen des Siegfried in einer Woche stattfinden: nach der dritten wird das Theater eingerissen und meine Partitur verbrannt. Den Leuten, denen die Sache gefallen hat, sage ich dann: nun macht's auch so! Wollen sie auch von mir einmal wieder etwas Neues hören, so sage ich aber: schiesst ihr das Geld zusammen! — Nun, komme ich dir gehörig verrückt vor? Möge es sein, aber ich versichere dir, dies noch zu erreichen, ist die Hoffnung meines Lebens, die Aussicht — die mich einzig reizen kann, ein Kunstwerk in Angriff zu nehmen."

Öffentlich kündigte Wagner sein Vorhaben zum erstenmale in seiner (Dezember 1851 erschienenen) Mitteilung an meine Freunde an:

„An einem eigens dazu bestimmten Feste gedenke ich dereinst im Laufe dreier Tage mit einem Vorabende jene drei Dramen nebst dem Vorspiele aufzuführen: den Zweck dieser Aufführung erachte ich für vollkommen erreicht, wenn es mir und meinen künstlerischen Genossen, den wirklichen Darstellern, gelang, an diesen vier Abenden den Zuschauern, die, um meine Absicht kennen zu lernen, sich versammelten, diese Absicht zu wirklichem Gefühls- (nicht kritischem) Verständnisse künstlerisch mitzuteilen. Eine weitere Folge ist mir ebenso gleichgültig, als sie mir überflüssig erscheinen muss."

Wagner schreibt am 30. Januar 1852 an Liszt:

„Ich kann mir unter meiner Zuhörerschaft nur eine Versammlung von Freunden denken, die zu dem Zwecke des Bekanntwerdens mit meinem Werke eigens irgendwo zusammenkommen, am liebsten in irgend einer schönen Einöde, fern von dem Qualm und dem Industriegeruche unserer städtischen Zivilisation: als solche Einöde könnte ich höchstens Weimar, gewiss aber keine grössere Stadt ansehen".

AMPHITHEATER des Bayreuther Festspielhauses

BAYREUTH

Hier sind alle wesentlichen Züge des Festspiels bereits vorhanden: eine eigene Bühne, aufgeschlagen fern vom Getriebe der Grossstadt, auserlesene, mit ihrer Aufgabe genau vertraute Künstler, eine Zuhörerschar, die nur um des Werkes willen sich versammelt. Der Gedanke leuchtet in voller ungetrübter und ungebrochener Reinheit, noch ohne jedes Zugeständnis an die unausbleiblichen Forderungen der rauhen Wirklichkeit, ohne Rücksicht und Rechnung mit dem „bleichen Metall", ein hochsinniger Künstlertraum.

Als Wagner 1862 zur ersten öffentlichen Ausgabe des Ringes sich entschloss, gab er im Vorwort dem Festspielgedanken noch festere Gestalt:

„Es kam hierbei vor allem mir darauf an, eine solche Aufführung als frei von den Einwirkungen des Repertoireganges unserer stehenden Theater mir zu denken. Demnach hatte ich eine der minder grossen Städte Deutschlands, günstig gelegen und zur Aufnahme ausserordentlicher Gäste geeignet, anzunehmen, namentlich eine solche, in welcher mit einem grösseren stehenden Theater nicht zu kollidieren, somit auch einem grossstädtischen eigentlichen Theaterpublikum und seinen Gewohnheiten nicht gegenüber zu treten wäre. Hier sollte nun ein provisorisches Theater, so einfach wie möglich, vielleicht bloss aus Holz, und nur auf künstlerische Zweckmässigkeit des Innern berechnet, aufgerichtet werden; einen Plan hierzu, mit amphitheatralischer Einrichtung für das Publikum und dem grossen Vorteile der Unsichtbarmachung des Orchesters, hatte ich mit einem erfahrenen, geistvollen Architekten in Besprechung gezogen. — Hierher sollten nun, etwa in den ersten Frühlingsmonaten, aus den Personalen der deutschen Operntheater ausgewählte, vorzüglichste dramatische Sänger berufen werden, um, ununterbrochen durch jede anderartige künstlerische Beschäftigung, das von mir verfasste mehrteilige Bühnenwerk sich einzuüben. — Das deutsche Publikum aber sollte eingeladen werden, zu den festgesetzten Tagen der Aufführungen, von denen ich etwa drei im ganzen annahm, sich einzufinden, indem diese Aufführungen, wie bereits unsere grossen Musikfeste, nicht einem partiellen städtischen Publikum, sondern allen Freunden der Kunst, nah und fern, geboten sein sollten. Eine vollständige Aufführung des vorliegenden dramatischen Gedichtes sollte, im vollen Sommer, an einem Vorabende das „Rheingold" und an drei folgenden Abenden die Hauptstücke „Walküre", „Siegfried" und „Götterdämmerung" zur Darstellung bringen.

Die Vorteile, welche sich aus einer solchen Veranstaltung erstlich für die Aufführung selbst ergeben würden, schienen mir folgende: In künstlerisch praktischer Hinsicht dünkte mich zunächst eine wirklich gelingende Aufführung eben nur auf diesem Wege selbst möglich. Bei der vollkommenen Stillosigkeit der deutschen Oper und der fast grotesken Inkorrektheit ihrer Leistungen ist die Hoffnung, an einem Haupttheater für höhere Aufgabe geübte Kunst-

BAYREUTH

mittel korporativ anzutreffen, nicht zu fassen: der Autor, der auf diesem verwahrlosten öffentlichen Kunstgebiete eine ernstlich gemeinte, höhere Aufgabe zu stellen gedenkt, trifft zu seiner Unterstützung nichts an, als das wirkliche Talent e i n z e l n e r Sänger, welche in keiner Schule unterrichtet, durch keinen Stil für die Darstellung geleitet, hie und da, selten — denn das Talent der Deutschen hierfür ist im ganzen gering — und gänzlich sich selbst überlassen, vorkommen. Was daher kein einzelnes Theater bieten kann, vermöchte, glücklichenfalls, nur eine Vereinigung zerstreuter Kräfte, welche für eine gewisse Zeit auf einen bestimmten Punkt zusammengerufen würden. — Hier würde diesen Künstlern zunächst es von Nutzen sein, dass sie eine Zeitlang nur mit einer Aufgabe sich zu befassen hätten, deren Eigentümlichkeit ihnen um so schneller und bestimmter aufgehen würde, als sie durch keine hiervon abziehende Ausübung ihrer gewohnten Opernarbeit in diesem Studium unterbrochen wären. Der Erfolg dieser Zusammenfassung ihrer geistigen Kräfte auf einen Stil und eine Aufgabe ist allein nicht hoch genug anzuschlagen, wenn man erwägt, wie wenig Erfolg von solchem Studium unter den gewöhnlichen Verhältnissen zu erwarten wäre, wo z. B. derselbe Sänger, der abends zuvor in einer schlecht übersetzten neueren italienischen Oper sang, tags darauf den „Wotan" oder „Siegfried" sich einüben soll. Ausserdem führte diese Methode auch zu dem praktischen Ergebnisse, dass auf das Einüben eine verhältnismässig weit kürzere Zeit, als dies im Geleise einer gemeinen Repertoiretätigkeit möglich sein könnte, zu verwenden wäre: was wiederum dem Flusse des Studiums sehr zustatten käme.

Würde somit auf diese Weise eine ernste charakteristische Wiedergabe der Rollen meines Dramas durch die ausgewählten besten Talente einzig ermöglicht, so würde, eben durch das Isolierte des Studiums und der Aufführung, zugleich auch die szenisch dekorative Darstellung einzig gut und entsprechend zu erzielen sein. Betrachten wir, welch vollendete Leistungen dieser Art den Pariser und Londoner Theatern gelingen, so erklären wir uns dies zunächst und fast einzig aus dem günstigen Umstande, dass die Bühne den Malern und Maschinisten längere Zeit allein für das Stück, welches sie auszustatten haben, zu Gebote steht; dass sie somit Einrichtungen gewisser komplizierter Art treffen können, welche da unmöglich sind, wo täglich die Theaterstücke wechseln, von welchen jedes dann eben nur notdürftig bis zur künstlerischen Unanständigkeit szenisch dargestellt werden kann. Die von mir gedachte szenische Einrichtung meines „Rheingolds" ist z. B. für ein Theater von so wechselndem Repertoire, wie das deutsche, gar nicht zu begreifen, während sie, unter den von mir bezeichneten günstigen Umständen, dem Dekorationsmaler und Maschinisten gerade die erwünschteste Gelegenheit bietet, ihre Kunst als eine wirkliche Kunst zu zeigen.

Zur Vollendung des Eindruckes einer solchermassen vorbereiteten Aufführung würde ich dann noch besonders die Unsichtbarkeit des Orchesters, wie sie durch eine, bei amphitheatralischer Anlage des Zuschauerraumes mögliche architektonische Täuschung zu bewerkstelligen wäre, von grossem Werte halten. Jedem wird die Wichtigkeit hiervon einleuchten, der mit der Absicht, den wirklichen Eindruck einer dramatischen Kunstleistung zu gewinnen, unseren

BAYREUTH

Opernaufführungen beiwohnt und durch den unerlässlichen Anblick der mechanischen Hilfsbewegungen beim Vortrage der Musiker und ihrer Leitung unwillkürlich zum Augenzeugen technischer Evolutionen gemacht wird, die ihm durchaus verborgen bleiben sollten, fast ebenso sorgsam, als die Fäden, Schnüre, Leisten und Bretter der Theaterdekorationen, welche, aus den Kulissen betrachtet, einen bekanntlich alle Täuschung störenden Eindruck machen. Hat man nun je erfahren, welchen verklärten, reinen, von jeder Beimischung des, zur Hervorbringung des Tones den Instrumentisten unerlässlichen, aussermusikalischen Geräusches befreiten Klang ein Orchester bietet, welches man durch eine akustische Schallwand hindurch hört, und vergegenwärtigt man sich nun, in welche vorteilhafte Stellung der Sänger zum Zuhörer tritt, wenn er diesem gleichsam unmittelbar gegenübersteht, so hätten wir hieraus nur noch auf das leichtere Verständnis seiner Aussprache zu schliessen, um zu der vorteilhaftesten Ansicht über den Erfolg der von mir gemeinten akustisch-architektonischen Anordnung zu gelangen. Nur aber in dem von mir gedachten Falle eines eigens hierzu konstruierten provisorischen Theatergebäudes würde diese Vorrichtung zu ermöglichen sein.

Ebenso wichtig, wie für die Aufführung selbst, müsste, meinem Erachten nach, nun aber der Erfolg einer solchen Aufführung hinsichtlich ihres Eindruckes auf das Publikum sein. — Bisher gewohnt, als Glied des stehenden Opernpublikums einer Stadt in den höchst bedenklichen Vorführungen dieses zweideutigen Kunstgenres eine gedankenlose Zerstreuung zu suchen und dasjenige, was ihm diesen Dienst nicht leistete, anforderungsvoll zurückzuweisen, würde der Zuhörer unserer Festaufführung plötzlich in ein ganz anderes Verhältnis zu dem ihm Gebotenen treten. Klar und bestimmt davon unterrichtet, was es sich diesmal und hier zu erwarten habe, würde unser Publikum aus von näher und ferner her öffentlich Eingeladenen bestehen, welche nach dem gastlichen Ort der Aufführung reisen und hier zusammenkommen, eben um den Eindruck unserer Aufführungen zu empfangen. Im vollen Sommer wäre für jeden dieser Besuch zugleich mit einem erfrischenden Ausfluge verbunden, auf welchem er, mit Recht, zunächst sich von den Sorgen seiner Alltagsgeschäfte zu zerstreuen suchen soll. Statt dass er, wie sonst, nach mühsam am Kontor, am Bureau, im Arbeitskabinett oder in sonst welcher Berufstätigkeit, hingequältem Tage, des Abends die einseitig angespannten Geisteskräfte wie aus ihrem Krampfe loszulassen, nämlich sich zu zerstreuen sucht, und deshalb, je nach Geschmack, eben oberflächliche Unterhaltung ihm wohltätig dünken muss, wird er diesmal sich am Tage zerstreuen, um nun, bei eintretender Dämmerung, sich zu sammeln: und das Zeichen zum Beginn der Festaufführung wird ihn hierzu einladen. So, mit frischen, leicht anzuregenden Kräften, wird ihn der erste mystische Klang des unsichtbaren Orchesters zu der Andacht stimmen, ohne die kein wirklicher Kunsteindruck möglich ist. In seinem eigenen Begehren erfasst, wird er willig folgen, und schnell wird ihm ein Verständnis aufgehen, welches ihm bisher fremd bleiben, ja unmöglich sein musste. Da, wo er sonst mit ermüdetem Hirn, zerstreuungssüchtig angelangt, neue Anspannung, und somit schmerzliche Überspannung finden musste, wo er deshalb bald über Länge, bald über zu

BAYREUTH

grossen Ernst und endlich völlige Unverständlichkeit zu klagen hatte, wird er jetzt zu dem wohltätigen Gefühle der leichten Tätigkeit eines bisher ungekannten Auffassungsvermögens gelangen, welches ihn mit neuer Wärme erfüllt und ihm das Licht entzündet, in welchem er deutlich Dinge gewahrt, von denen er zuvor keine Ahnung hatte."

Hier ist also bereits 1862 alles genau so geplant, wie es in Bayreuth ausgeführt wurde. Das Haus mit dem amphitheatralischen Zuschauerraum, das verdeckte Orchester, die sommerliche Spielzeit; ja auch Wiederholungen der Festspiele, je nach Umständen ein-, zwei-, dreijährig, sind vorgesehen. Eine Wirkung auf die Künstler wird erhofft: „unmöglich könnte diese Erfahrung für ihre weiteren eigenen Leistungen gänzlich ohne Einfluss bleiben." Darsteller und Zuhörer sind durch Tatsachen überzeugt und gebildet worden. „Schon hieraus könnten sich die Ansätze zu einem wirklichen Stil für musikalisch-dramatische Aufführungen bilden, von denen gegenwärtig noch keine Spur vorhanden ist." Also wie der Gral könnte der Tempel der Festspiele seinen Segen und seine Boten auch hinaus ins Weltgetriebe senden, dort verborgene

Keime zum Blühen bringen und den Glauben stärken.

Zur Beschaffung der nötigen Mittel stellten sich zwei Wege dar: eine Vereinigung kunstliebender vermögender Männer und Frauen oder ein deutscher Fürst. „Wird dieser Fürst sich finden?"

Die Ausgabe des Ringes mit diesem Vorwort kam im April 1863 heraus. Am 4. Mai 1864 stand Wagner zum ersten Male vor König Ludwig. Alles schien rascher, glücklicher Lösung nahe zu sein. König Ludwig schrieb am 26. November 1864 an Wagner: „Der Satz, welchen Sie in der Vorrede zum Gedichte Der Ring des Nibelungen anführen, soll in das Leben treten; ich rufe aus: Im Anfang sei die Tat! Ich habe den Entschluss gefasst, ein grosses steinernes Theater erbauen zu lassen, damit die Aufführung des Ringes des Nibelungen eine vollkommene werde; dieses unvergängliche Werk muss einen würdigen Raum für seine Darstellung erhalten. Mögen Ihre Bemühungen in betreff tüchtiger dramatischer Sänger von schönem Erfolge gekrönt werden!" In den letzten

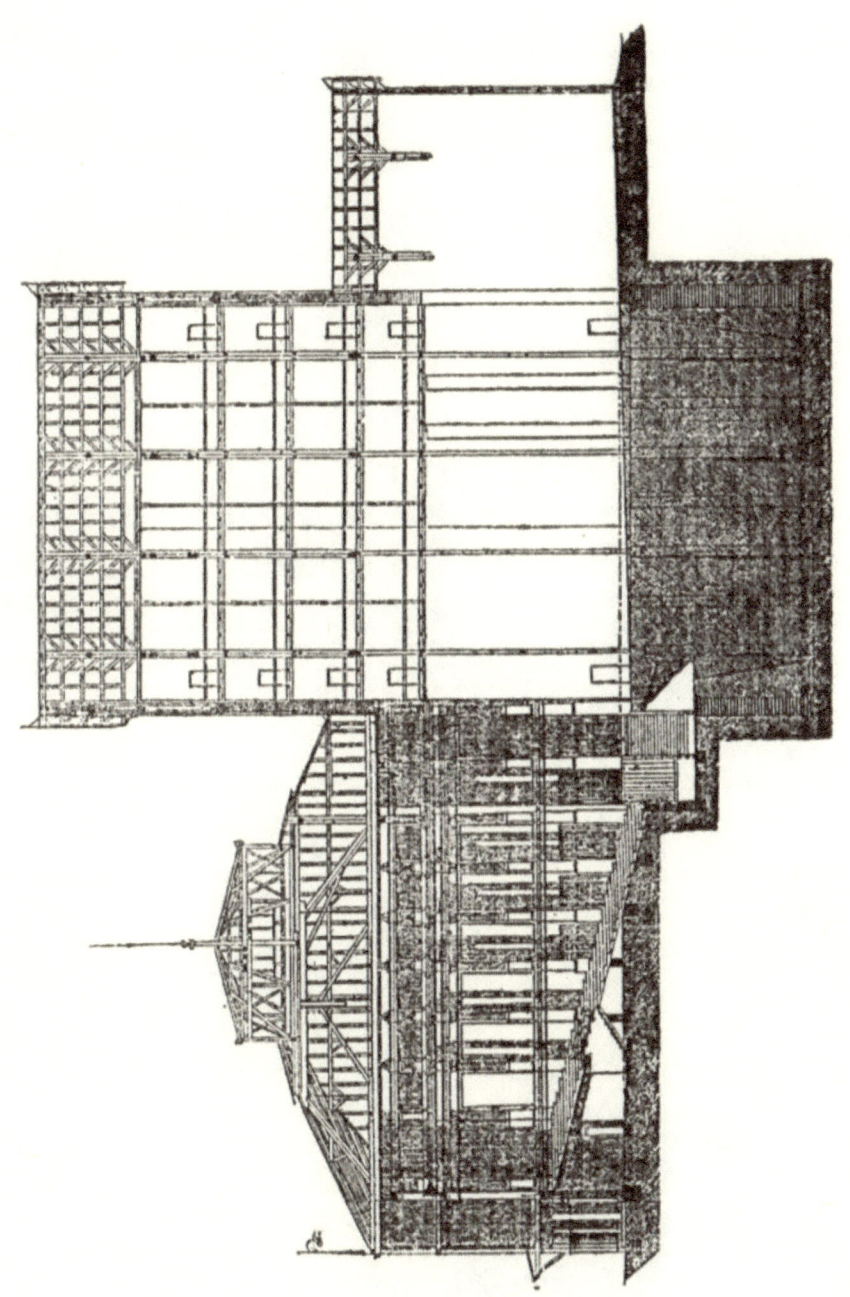

DURCHSCHNITT des Bayreuther Festspielhauses

Dezembertagen des so verheissungsvollen Jahres 1864 war Semper aus Zürich nach München gekommen und vom König zur Beratung über den Bau empfangen worden. Im Januar 1867 ging das Modell des Theaters nach München, wo es heute im k. b. Nationalmuseum ausgestellt ist. Aber inzwischen war die Verwirklichung des königlichen Gedankens unmöglich geworden. Wohl kam mit dem Tristan im Sommer 1865 in München das erste Festspiel zustande, aber in den Räumen des Hoftheaters. Am 10. Dezember 1865 verliess Wagner München. Wie es dazu kam, mag man bei Glasenapp III, 1 nachlesen. Es war im Grunde doch nur eine glückliche Fügung des Schicksals. „Der erste und ursprüngliche Gedanke des Meisters kam damit wieder zur Geltung: sein Festspielhaus in einer lieblichen Einöde, an einem abgelegenen Orte, wie Zürich, Weimar oder am Rheine, fern von dem Getriebe, dem Qualm und Dunst unserer Grossstädte zu errichten. Seinem königlichen Freunde und Beschützer zuliebe hatte er diesen ursprünglichen Gedanken zugunsten der bayerischen Residenzstadt aufgegeben, München aber dem Könige seine hochsinnigen Absichten vereitelt. Zu keiner weiteren Konzession verpflichtet, und nachdem er noch eine Reihe von Jahren abwartend der Entwicklung der Verhältnisse zugesehen, kam Richard Wagner auf seinen längst gehegten Gedanken zurück: sein Festspielhaus in einer kleinen entlegenen Stadt im Herzen Deutschlands erstehen zu lassen. Aus Dank gegen seinen erhabenen Beschützer erwählte er sich dazu eine Stadt im bayerischen Lande, das trauliche Bayreuth, vornehm und idyllisch zugleich in seiner ganzen Erscheinung, inmitten einer reizvoll poetischen landschaftlichen Umgebung. In gerechter Würdigung dessen, dass der Meister die richtige Wahl getroffen, dass der von ihm gewählte Ort der geeignete sei und die Festspiele in Bayreuth dem ganzen bayerischen Lande Nutzen und Ehre brächten, entsagte König Ludwig einer müssigen Wiederholung desselben Baues in seiner Hauptstadt."

Im April 1871 erliess Wagner eine Mitteilung und Aufforderung an die Freunde seiner Kunst: „Über die Aufführung des Bühnenfestspieles: Der Ring des Nibelungen", wo die Gedanken des Vorworts zur Ausgabe der Dichtung nochmals zusammengefasst sind. Es galt nun, einen Verein von Freunden und Förderern der grossen Sache zu begründen. Karl Tausig in Berlin, Emil Heckel in Mannheim, Freifrau Marie von Schleinitz, jetzt Gräfin von Wolkenstein, entwarfen den Plan des Patronatvereins und suchten die nötige Anzahl der Patrone zu werben. Die Gesamtkosten des Festspiels wurden auf 300 000 Taler veranschlagt, die dadurch beschafft werden sollten, dass 1000 Patronatscheine zu 300 Talern bei den Förderern und Freunden untergebracht wurden. Der Patron erwarb damit Anrecht auf einen Platz zu den beabsichtigten drei Ringaufführungen im Festspielhaus. Durch Heckel wurden die Wagnervereine ins Leben gerufen, um nach Kräften das Unternehmen zu fördern und dafür zu werben. Tausig, an dessen Wirksamkeit sich grosse Hoffnungen geknüpft hatten, starb schon am 17. Juli 1871. Am 22. Mai 1872 wurde der Grundstein zum Festspielhause gelegt.

„Hier schliess' ich ein Geheimnis ein,
Da ruh' es viele hundert Jahr':
Solange es verwahrt der Stein,
Macht es der Welt sich offenbar."

Auserlesene Künstler waren der Einladung des Meisters gefolgt, so dass am selben Abend Beethovens „Wundersymphonie" im markgräflichen Opernhaus den Patronen den Festgruss zutönen konnte.

In seiner herrlichen Weiherede bezeichnete der Meister klar und fest den Bayreuther Gedanken. Den Namen des „National-Theaters in Bayreuth" wies er zurück.

„Wo wäre die Nation, welche dieses Theater sich errichtete?"

„Nur Sie, die Freunde meiner besonderen Kunst, meines eigensten Wirkens und Schaffens, hatte ich, um für meine Entwürfe mich an Teilnehmende zu wenden: nur um Ihre Mithilfe für mein Werk konnte ich Sie angehen: dieses Werk rein und unentstellt denjenigen vorführen zu können, die meiner Kunst ihre ernstliche Geneigtheit bezeigten, trotzdem sie ihnen nur noch unrein und entstellt bisher vorgeführt werden konnte, — dies war mein Wunsch, den ich Ihnen ohne Anmassung mitteilen durfte. Und nur in diesem, fast persönlichen Verhältnisse zu Ihnen, meine Gönner und Freunde, darf ich für jetzt den Grund erkennen, auf welchen wir den Stein legen wollen, der das ganze, uns noch so kühn vorschwebende Gebäude unserer edelsten deutschen Hoffnungen tragen soll. Sei es jetzt auch bloss ein provisorisches, so wird es dieses nur in dem gleichen Sinne sein, in welchem seit Jahrhunderten alle äussere Form des deutschen Wesens eine provisorische war. Dies aber ist das Wesen des deutschen Geistes, dass er von innen baut: der ewige Gott lebt in ihm wahrhaftig, ehe er sich auch den Tempel seiner Ehre baut. Und dieser Tempel wird dann gerade so den inneren Geist auch nach aussen kundgeben, wie er in seiner reichsten Eigentümlichkeit sich selbst angehört. So will ich diesen Stein als den Zauberstein bezeichnen, dessen Kraft die verschlossenen Geheimnisse jenes Geistes Ihnen lösen soll. Er trage jetzt nur die sinnvolle Zurüstung, deren Hilfe wir zu jener Täuschung bedürfen, durch welche Sie in den wahrhaftigen Spiegel des Lebens blicken sollen. Doch schon jetzt ist er stark und recht gefügt, um dereinst den stolzen Bau zu tragen, sobald es das deutsche Volk verlangt, zu eigener Ehre mit Ihnen in seinen Besitz zu treten. Und so sei er geweiht von Ihrer Liebe, von Ihren Segenswünschen, von dem tiefen Danke, den ich Ihnen trage, Ihnen Allen, die mir wünschten, gönnten, gaben und halfen! — Er sei geweiht von dem Geiste, der es Ihnen eingab, meinem Anrufe zu folgen; der Sie mit dem Mute erfüllte, jeder Verhöhnung zum Trotz, mir ganz zu vertrauen; der aus mir zu Ihnen sprechen konnte, weil er in Ihrem Herzen sich wiederzuerkennen hoffen durfte: von dem deutschen Geiste, der über die Jahrhunderte hinweg Ihnen seinen jugendlichen Morgengruss zujauchzt."

Sinnig deutete Wagner den Namen Bayreuth „beim Reuth". „Immer handelt es sich jedenfalls um das Reuth, die der Wildnis abgerungene, urbar gemachte Stätte." Und weiterhin vertiefte er den Namen Bayreuth zu einem teuren Angedenken, zu einem ermutigenden Begriffe, zu einem sinnvollen Wahlspruche.

„Und solchen Wahlspruches bedarf es, um im täglichen Kampfe gegen das Eindringen der Kundgebungen eines tief sich entfremdeten Geistes der deutschen Nation auszudauern. Was unsere nicht immer sehr geistvollen Witzlinge bisher unter dem unsinnigen Begriffe einer ‚Zukunftsmusik' zu ihrer Belustigung sich auftischten, das hat jetzt seine nebelhafte Gestalt verändert, und ist auf festem Grund und Boden zu einem wirklich gemauerten ‚Bayreuth' geworden. Der Nebel hat also ein Lokal gewonnen, in welchem er eine ganz reale Form annimmt. Dieses ist das kleine, abgelegene, unbeachtete Bayreuth. Jedenfalls bin ich sonach nicht darauf ausgegangen, meine Unternehmung im Glanze einer reichbevölkerten Hauptstadt bespiegeln zu lassen, was mir allerdings minder schwierig gefallen wäre, als mancher zu glauben vorgeben mag. Möge nun der Spott jener Witzigen bald an der Kleinheit des Lokales, bald an der Überschwenglichkeit des damit verbundenen Begriffes sich ergehen, immer verbleibt dem Spottbilde die Eigenschaft eines zum Lokale gewordenen Begriffes, welchen ich jetzt mit grösserer Befriedigung aufnehme, als dies mir einst mit dem sehr sinnlosen einer ‚Zukunftsmusik' möglich war."

Am 2. August 1873 ward das Haus unter Dach gebracht. Zum Hebefest dichtete Wagner sinnige Handwerkersprüche.

„So sag' ich euch auch, wer den Plan gemacht.
Mag wer will Teufelswerk drin erschauen,
ich sag's: den Plan entwarf — das Vertrauen!
Ein tief urgründlich deutsches Verlangen
sollt wieder einmal zum Vertrauen gelangen:
es vertraute einer auf deutsches Wesen;
nun hört, ob er damit unglücklich gewesen!
In langen Jahren schuf er sein Werk;
ihm gab das Vertrauen Kraft und Stärk':
und dass er sein Werk getrost vollende,
reicht' ein König ihm selbst die Hände.
Im bayerischen Frankenland
bot ihm der Bürger nun auch die Hand;
und hatt' er auf sich selbst vertraut,
Vertrauen nun auch das Haus ihm baut,
darin sein Werk aus seinem Plan
nun deutlich auch tret' an die Welt heran."

Aber nun begann das Werk zu stocken. Es fehlte an Mitteln. Nietzsche verfasste einen „Mahnruf an die Deutschen", der in edlen, kräftigen Worten das Ehrgefühl im deutschen Volke wecken sollte. Ein „Bericht und Aufruf" von Adolf Stern wurde versandt: „Wir betrachten als Ehrenpflicht des deutschen Volkes, seinem berühmtesten lebenden Künstler die Mittel zur Durchführung seines grössten künstlerischen Gedankens, an den er sein Leben gesetzt, nicht zu versagen; wir betrachten es ferner als Ehrenpflicht aller, die sich Freunde echter Kunst nennen, zum Gelingen der Bayreuther Aufführungen durch die Tat beizutragen, und hegen das Vertrauen, dass es nur dieser Mahnung bedürfe, um unserer Sache zahlreiche neue Freunde in allen Kreisen zu gewinnen!"

Aber im weiten Deutschen Reiche verhallte dieser Notruf fast ungehört. Hätte Wagner seinen Festspielgedanken aufgeopfert und den „Ring" der Grossstadt preisgegeben — Berlin, London, Chicago —, so wären die Mittel sofort flüssig gewesen. Glänzende Angebote ergingen an den Meister aus der Welt, die für den Bayreuther Gedanken nichts übrig hatte, die des Meisters Lebenswerk auf Tod und Leben befehdete. Je

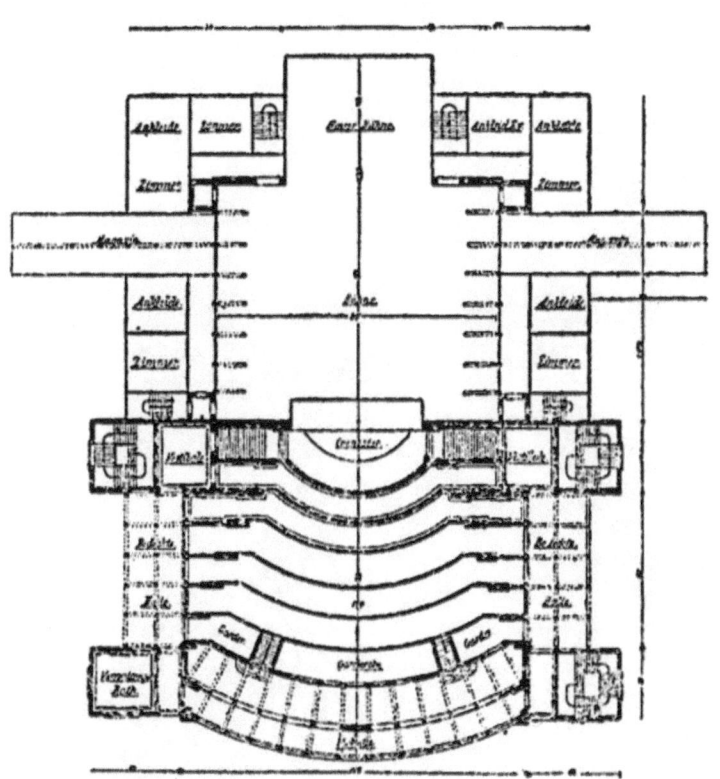

GRUNDRISS des Bayreuther Festspielhauses

schwerer die äusseren Verhältnisse lasteten, um so reiner und grösser erhob sich immer Richard Wagner. So auch hier, wo es galt, den Adel des Gedankens unbefleckt zu wahren. Im Januar 1874 sagte Wagner zu Heckel, das Unternehmen sei gescheitert, man müsse bessere Zeiten abwarten. Da, in letzter und höchster Not, griff noch einmal der König ein, um durch Kreditgewähr die Vollendung des Baues zu ermöglichen. Im November 1874 wurde die Götterdämmerung und damit das ganze Bühnenfestspiel fertig. Die Widmung lautet: „Im Vertrauen auf den deutschen Geist entworfen und zum Ruhme seines erhabenen Wohltäters des Königs Ludwig II. von Bayern vollendet." Im Sommer 1875 fanden die Vorproben statt. Zum ersten Male wurde der Ring vom 13. bis 17. August 1876 aufgeführt. Die Presse hatte sich fast durchweg, mit ganz wenigen rühmlichen Ausnahmen, feindselig gegen Bayreuth gestellt, in den schweren Jahren der Vorbereitung und des Baues durch Hohn, Lügenberichte, Verschweigen, nach Möglichkeit und mit Erfolg Schaden gestiftet und warf sich jetzt mit fanatischer Wut auf die künstlerische Grosstat.

Wenn das erste Festspiel mit einem grossen Fehlbetrag abschloss und der Meister, statt seine künstlerischen Pläne weiterführen zu können, alle Kraft dransetzen musste, um dieser drückenden Sorge ledig zu werden, so war das vornehmlich das Werk der Presse, der literarischen und musikalischen Kritik, der systematisch irregeleiteten öffentlichen Meinung. „In der Bekämpfung von irgendetwas als gefährlich Ausgegebenem liegt die Macht des Journalisten und der Anreiz, den er auf sein Publikum ausübt. Alle sind liberal und hassen das Ungemeine, vor allem das seinen eigenen Weg Gehende und um sie nicht sich Kümmernde." So klagt Wagner einmal aus bitterer Erfahrung, die ihm sein ganzes Leben lang sich immer wieder erneuerte. Keinem Meister begegnete so wilder, unergründlicher Hass aller Gemeinen und Mittelmässigen, deren geborener und geschworener Feind in Richard Wagner aufstand; aber auch keinem andren flammte solche Liebe auf.

BAYREUTH

„Im Betreff des künstlerischen Interesses hatte ich mich nicht geirrt: dieses ist mir bis zum letzten Augenblick treu und meinem Unternehmen innig verwoben geblieben. Sehr gewiss hatte ich mich aber in der Annahme, auch ein nationales Interesse geweckt zu haben, getäuscht."

Und doch verzweifelte der Meister keinen Augenblick. Er entwickelte im Januar 1877 Gedanken über die Bildung eines neuen Patronatvereins zur Pflege und Erhaltung der Bühnenfestspiele. Er beabsichtigte eine Stilbildungsschule, „um nicht nur ein Personal für die Darstellung meiner dramatisch-musikalischen Werke auszubilden, sondern überhaupt Sänger, Musiker und Dirigenten zur richtigen Ausführung ähnlicher Werke wahrhaft deutschen Stiles verständnisvoll zu befähigen". Die Richtigkeit der geistigen Auffassung, sowie der höhere Vortrag selbst sollten zur Geltung gelangen. Für 1880 wurden als Festspiele der Fliegende Holländer, Tannhäuser, Lohengrin, für 1881 Tristan und Isolde und die Meistersinger, für 1882 der Ring, für 1883 Parsifal angesetzt. Aber erst am 26. Juli 1882 nach neuen schweren Sorgen und Mühen tat sich das Bayreuther Haus wieder auf zum Parsifal, in den zwei ersten Aufführungen für die Mitglieder des Patronatvereins, dann öffentlich gegen Verkauf von Eintrittskarten, wie seitdem immer. Im Rückblick auf die Festspiele von 1876 bekannte Wagner rückhaltslos: „Noch sind wir erst in der Ausbildung des neuen Stiles begriffen; wir haben nach jeder Seite hin Mängel zu beseitigen und Unvollkommenheiten auszugleichen." Im Festspiel 1882 war der Stil gewonnen. „Wer mit richtigem Sinne und Blicke den Hergang alles dessen, was während jener beiden Monate in den Räumen dieses Festspielhauses sich zutrug, dem Charakter der hierin sich geltend machenden produktiven wie rezeptiven Tätigkeit gemäss zu erfassen vermochte, konnte dies nicht anders als mit der Wirkung einer Weihe bezeichnen, welche, ohne irgendeine Weisung, frei über alles sich ergoss." „Ich halte alljährliche Wiederholungen des Parsifal für vorzüglich geeignet, der jetzigen Künstlergeneration als Schule für den von mir begründeten Stil zu dienen."

BAYREUTH

1883 war der Parsifal eine ernste Gedächtnisfeier. Man glaubte in der Welt, mit dem Tode des Meisters seien auch die Festspiele dahin. Die Künstler wahrten damals echte Treue und taten, was an ihnen lag, um die Welt vom Gegenteil zu überzeugen. Und nun begann bald eine hohe geistige Macht anordnend und gestaltend einzugreifen, jene „ganz unerhört seltsam begabte Frau", die wie niemand sonst auf der Welt mit dem Willen des künstlerischen Schöpfers aufs innigste vertraut war. 1886 trat der Tristan zum Parsifal, 1888 die Meistersinger, 1891 Tannhäuser, 1894 Lohengrin, 1896 der Ring in erneuter Gestalt, 1901 der Fliegende Holländer. So ist alles, was der Meister wollte, nach seinem Tode in Bayreuth doch noch zustande gekommen! Der Ring musste, um den Fehlbetrag von 1876 zu decken, den Theatern freigegeben werden, und ein geschäftskundiger Unternehmer führte das Werk in allen Städten Deutschlands und im Ausland auf, künstlerisch ganz unzulänglich, aber doch insofern nicht vergeblich, weil dadurch die Behauptung zuschanden ward, der Ring sei unaufführbar. Aus der Lügengestalt, in der die Meisterwerke über unser Theater gehen, wurden sie ins Bayreuther Festspiel gerettet und erschienen hier in reinster, leuchtender Schönheit, aus der Oper zum Drama erlöst.

Der Ring des Nibelungen ist ein Bühnenfestspiel, der Parsifal ein Bühnenweihfestspiel. „Indem ich mit meiner Dichtung eine unseren Operntheatern mit Recht durchaus abgewandt bleiben sollende Sphäre beschritt, glaube ich die Veranlassungen, welche den Ring des Nibelungen dem Bühnenfestspielhaus in Bayreuth entführten, für den Parsifal schon dadurch unmöglich gemacht zu haben." „Verdankte doch ja auch der Parsifal selbst nur der Flucht vor dieser Welt seine Entstehung." „Ich habe mich dazu entschlossen, Parsifal ausschliesslich und einzig für Aufführungen im Bühnenfestspielhause zu Bayreuth zu bestimmen."

An Feustel schreibt Wagner:

„Während der Ausführung ist mir der Charakter dieser meiner letzten Arbeit dahin immer deutlicher geworden, dass, selbst unter allen den Umständen, welche noch Auf-

BAYREUTH

führungen der einzelnen Stücke des Ringes des Nibelungen auf unseren Stadt- und Hoftheatern zulässig machten, das Bühnenweih-Festspiel ‚Parsifal' mit seinen unmittelbar die Mysterien der christlichen Religion berührenden Vorgängen unmöglich in das Opernrepertoire unserer Theater aufgenommen werden darf. Mein erhabener Wohltäter, der König von Bayern, stand, als ich ihm dies eröffnete, innig verständnisvoll sofort davon ab, den ‚Parsifal' auf seinem eigenen Hoftheater sich vorgeführt zu sehen, wogegen er einzig das Bühnenfestspielhaus in Bayreuth für solche — besondere und seltene — Aufführungen geeignet erklärte."

In einem Brief an den König vom 28. Sept. 1880 heisst es:

„Ich habe nun alle meine, noch so ideal konzipierten Werke an unsere, von mir als tief unsittlich erkannte Theater- und Publikumpraxis ausliefern müssen, dass ich mich nun wohl ernstlich fragen musste, ob ich nicht wenigstens dieses letzte und heiligste meiner Werke vor dem gleichen Schicksale einer gemeinen Opernkarriere bewahren sollte. Eine entscheidende Nötigung hierfür habe ich endlich in dem reinen Gegenstande, dem Sujet meines ‚Parsifal' nicht mehr verkennen dürfen. In der Tat, wie kann und darf eine Handlung, in welcher die erhabensten Mysterien des christlichen Glaubens offen in Szene gesetzt sind, auf Theatern, wie den unsrigen, neben einem Opernrepertoire und vor einem Publikum, wie dem unsrigen, vorgeführt werden? Ich würde es wirklich unseren Kirchenvorständen nicht verdenken, wenn sie gegen Schaustellungen der geweihtesten

Mysterien auf denselben Brettern, auf welchen gestern und morgen die Frivolität sich behaglich ausbreitet, und vor einem Publikum, welches einzig von der Frivolität angezogen wird, einen sehr berechtigten Einspruch erheben. Im ganz richtigen Gefühle hiervon betitelte ich den ‚Parsifal‘ ein Bühnenweihfestspiel." So muss ich denn nun eine Bühne zu weihen suchen, und dies kann nur mein einsam dastehendes Bühnenfestspielhaus in Bayreuth sein. Dort darf der ‚Parsifal‘ in aller Zukunft einzig und allein aufgeführt werden: nie soll der ‚Parsifal‘ auf irgend einem anderen Theater dem Publikum zum Amusement dargeboten werden: und, dass dies so geschehe, ist das einzige, was mich beschäftigt und zur Überlegung dazu bestimmt, wie und durch welche Mittel ich diese Bestimmung meines Werkes sichern kann."

Der Ring, grunddeutsch in Gehalt und Form, in seinen vier Teilen so grossartig angelegt wie dereinst die griechische Trilogie, aus allem Gewöhnlichen und Alltäglichen weit hinausragend, gründete das deutsche Bühnenfestspiel und das deutsche Festspielhaus. Der Parsifal aber ist zur Weihe des Hauses und Spieles von Bayreuth gedichtet, er sollte die Festspiele zu dauerndem Bestand einweihen. Darum ist er ein Weihfestspiel. Aber auch um seines weihevollen Inhalts willen erhebt ihn schon der Name zum Er-

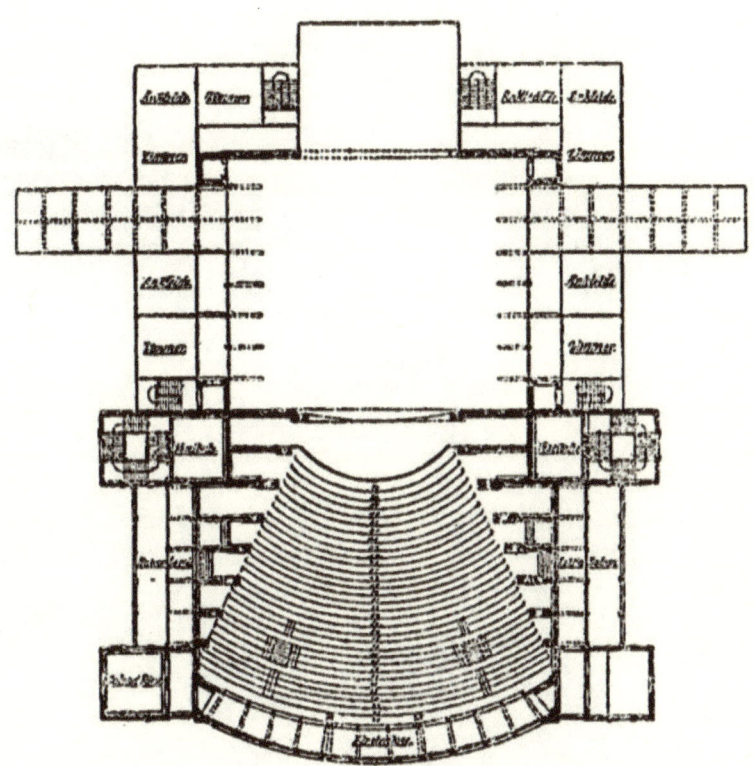

GRUNDRISS des Bayreuther Festspielhauses

habnen und Heiligen. Den amerikanischen Gralsraub und den Ablauf der Schutzfrist für dieses hehre Werk müssen wir aus künstlerischen und moralischen Gründen scharf verurteilen und tief beklagen. Die Freigabe des Parsifal ist ein unwürdiger Schacher mit dem Heiligsten, eine Entweihung unsrer tiefsten, zartesten religiösen Empfindung, eine Quelle zahlloser Irrtümer und Missverständnisse, eine völlige Trübung und Verwirrung der reinsten Kunstlehre, eine Versündigung am heiligen Geist deutscher Kunst, eine schwere Pietätlosigkeit gegen den letzten Willen unsres grossen Meisters.

BAYREUTHER KUNST

Aus tiefernstem künstlerischen Wissen und Wollen, aus Ehrfurcht vor dem Kunstwerk, aus selbstloser, opferfreudiger Hingabe entspringen alle Vorzüge der Bayreuther Aufführungen. Durch ihr rücksichtslos reines und ideales Streben, das Kunstwerk einzig und allein im Geiste des Meisters zu verwirklichen, allen künstlerischen Forderungen unbedingt und völlig sich unterzuordnen, stehen diese Spiele auf einem von unsrem gewöhnlichen Theatergeschäftsbetrieb gänzlich und grundsätzlich verschiedenen Boden. Schlichte, einfache, vornehme Grösse, Fernhalten aller theatralischen Effekte, also die echtdeutsche Kunst als Wesensausdruck, ist der Grundzug der Bayreuther Kunst, wie sie der Meister 1876 und 1882 im Beispiel feststellte, wie sie nach diesem manchmal nur andeutenden Vorbild inzwischen sorgsamste Pflege und immer fortschreitende Vervollkommnung erfuhr.

Die Musik ist die Seele des deutschen

Dramas und darum musste auch einzig nur sie das Spiel und den Schauplatz gestalten.

Der Plan des Festspielhauses ist bedingt durch die von Wagner gefühlte Nötigung, das Orchester unsichtbar zu machen; und aus dieser einen Nötigung ging allmählich die gänzliche Umgestaltung des Zuschauerraumes hervor. Ästhetische und akustische Gründe bestimmten den Meister. Schon vor ihm war der Gedanke von andern ernstlich erwogen worden, wie ein trefflicher Aufsatz von C. Kipke in den Bayreuther Blättern 1889 nachweist. Goethe im Wilhelm Meister „wollte auch bei Instrumentalmusiken die Orchester soviel als möglich verdeckt haben, weil man durch die mechanischen Bemühungen und durch die notdürftigen, immer seltsamen Gebärden der Instrumentenspieler so sehr zerstreut und verwirrt werde". 1789 entwickelte Grétry in Paris in wenigen klaren Worten bereits die ganze Lehre vom unsichtbaren Orchester und vom amphitheatralischen Zuschauerraum. Er schreibt: „Nach meiner Idee muss der Schauspielsaal nur klein sein und höchstens tausend Menschen fassen. Es muss überall nur eine Art von Plätzen geben. Das Orchester müsste versteckt sein, und man müsste weder die Musiker noch die Lichter auf den Pulten sehen. Der Saal müsste zirkelförmig sein und stufenweise Erhöhung haben. Vor dem Orchester müsste sich ein einziges zirkelförmiges Amphitheater bilden, das stufenweise sich immer höher erhebt, und oben drüber wäre nichts als einige Trophäen in Fresko. Der ganze Saal müsste von einer braunen Farbe sein, die Trophäen ausgenommen. Dann würde die Szene an Glanz und Wirkung gewinnen." 1775 machte de Marette eine Zeichnung des unsichtbaren Orchesters, die auffallend der Bayreuther Anordnung gleicht. „Die Säule rechts zeigt die untere Begrenzung des Gesichtskreises der Zuschauer; das stufenförmig bis unter die Bühne absteigende Orchester samt seinem in der Mitte stehenden Dirigenten ist den Blicken der Zuschauer völlig entzogen, und die vorn überhängende Bühnenrampe könnte fast die Funktionen eines Schalldeckels übernehmen." Von diesen und andern Vorgängern wusste Wagner übrigens nichts, er kam durchaus selbständig auf den Gedanken, erwog seine bauliche Ausführung mit Semper, der danach das Münchener Modell aufstellte, und vertraute schliesslich das Bayreuther Festspielhaus dem Leipziger Baumeister Otto Brückwald, die Bühneneinrichtung Karl Brandt aus Darmstadt an. Wagner beschreibt den Bau so: „Das Orchester war in eine solche Tiefe zu verlegen, dass der Zuschauer über dasselbe hinweg unmittelbar auf die Bühne blickte; hiermit war sofort entschieden, dass die Plätze der Zuschauer nur in einer gleichmässig aufsteigenden Reihe von Sitzen bestehen konnten, deren schliessliche Höhe einzig durch die Möglichkeit, von hier aus das szenische Bild noch deutlich wahrnehmen zu können, ihre Bestimmung erhalten musste." „Somit gewann die Aufstellung unserer Sitzreihen den Charakter der Anordnung des antiken Amphitheaters; nur konnte von einer wirklichen Ausführung der nach beiden Seiten weit sich vorstreckenden Form des Amphitheaters, wodurch es zu einem sogar überschrittenen Halbkreise ward, nicht die Rede sein, weil nicht der von ihm grossenteils umschlossene Chor in der Orchestra, sondern die, den griechischen Zuschauern nur in einer hervorspringenden Fläche gezeigte, von uns aber in ihrer vollen Tiefe benutzte Szene das zur deutlichen Übersicht darzubietende Objekt ausmacht.

Demnach waren wir gänzlich den Gesetzen der Perspektive unterworfen, welchen gemäss die Reihen der Sitze sich mit dem Aufsteigen erweitern konnten, stets aber die gerade Richtung nach der Szene gewähren mussten. Von dieser aus hatte nun das Proszenium alle weitere Anordnung zu bestimmen." Der leere Zwischenraum zwischen dem Proszenium und den Sitzreihen der Zuhörer, der „mystische Abgrund" des Orchesters wurde nach vorn durch ein erweitertes zweites Proszenium abgeschlossen, welches durch scheinbares Fernrücken der eigentlichen Szene wundervoll wirkte. Die durch keine Logenreihen unterbrochenen, mithin kahlen Seitenwände über den Sitzreihen wurden durch keinerlei zerstreuende Ornamentik verkleidet, sondern durch wiederholte, immer erweiterte

BAYREUTH

Proszenien verdeckt, so dass der Zuschauer auf jedem von ihm eingenommenen Platz in die proszenische Perspektive sich einfügt und überall denselben idealisierenden Eindruck des ferngerückten und doch zugleich viel deutlicheren Szenenbildes empfängt. Die Bayreuther Architektonik zeigt die Szene „in der Unnahbarkeit einer Traumerscheinung", sie dämpft und mildert den Rückschlag des Tones und Lichtes, während „die aus dem mystischen Abgrunde geisterhaft erklingende Musik uns in den begeisterten Zustand des Hellsehens versetzt, in welchem das erschaute szenische Bild uns jetzt zum wahrhaftigsten Abbilde des Lebens selbst wird". In Bayreuth befindet sich jeder recht eigentlich in einem „Theatron", d. h. einem Raume, der für nichts anderes bestimmt ist, als darin zu schauen. Die dunklen, einfachen Farben der Wände und des Vorhangs verschwinden fast gänzlich bei eingezogenem Lichte. Die Decke, wie ein einfaches Sonnensegel gemalt, ist kaum mehr wahrnehmbar und lenkt durch ihre Linien den Blick sofort nach vorn. Alles dient nur zu unsrer Sammlung und Stimmung, nichts zerstreut und stört. In schwachem Dämmerlicht lauschen wir den Klängen der Vorspiele. Wenn der Vorhang sich teilt, tritt das Bühnenbild in edler Plastik und wunderbarer Färbung hervor. Der in der Mitte geteilte, seitlich geraffte Vorhang enthüllt, umrahmt und verhüllt das szenische Bild ebenso natürlich wie stimmungsvoll. Wie wichtig ist es doch, das Bild langsamer oder schneller dem Zuschauer zu zeigen oder zu entziehen! Das geschieht in Bayreuth durchaus malerisch und künstlerisch ohne die hässlichen Verkürzungen, Verzerrungen und Verschiebungen, die der leider noch immer übliche, senkrecht und gerade herabfallende Vorhang der meisten gewöhnlichen Theater verursacht.

Die akustische Wirkung des unsichtbaren und mit Schalldeckeln gedämpften Orchesters besteht darin, dass alle Nebengeräusche der einzelnen Instrumente verschwinden, dass der einzelne Klang sich verklärt und alles zu herrlichstem Einklang verschmilzt; dass die ganze gewaltige Orchestersprache auch in der reichsten Fülle und Vielstimmigkeit,

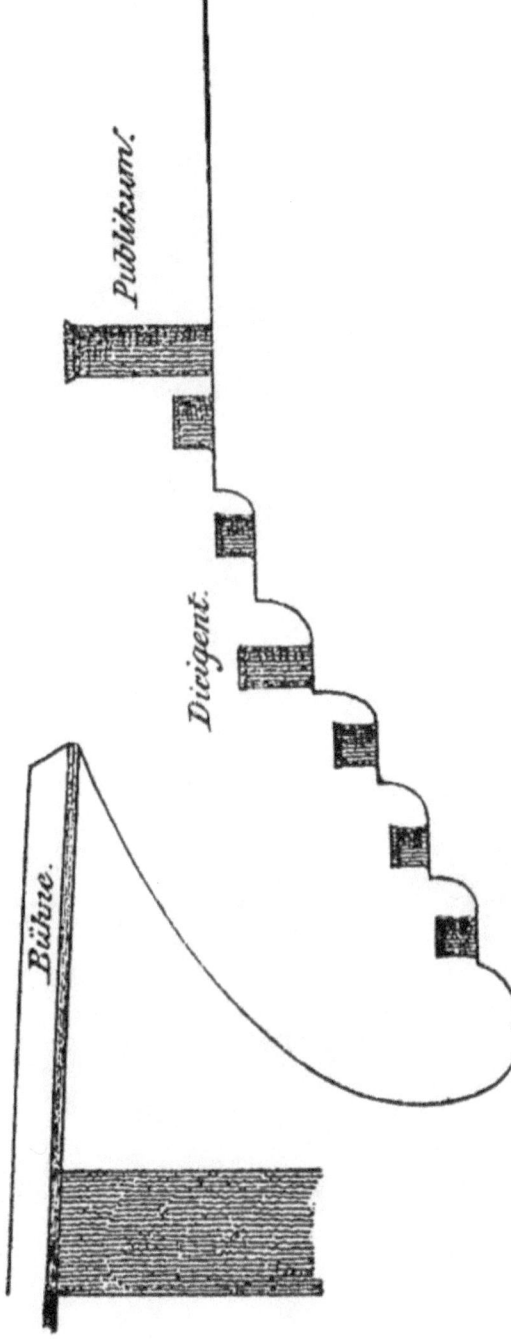

VERDECKTES ORCHESTER. Nach einer Zeichnung von de Marette. 1775

BAYREUTH

wie z. B. in der Erdaszene im Siegfried oder im 3. Tristanaufzug doch zugleich nur wie eine Begleitung dem Gesang sich unterordnet, die Singstimme weder verschlingt noch übertönt, sondern trägt, dass also die dramatische Handlung, sofern sie zum Wort kommt, in dieser ausdrucksvollen Tonrede durchaus verständlich bleibt. Die stufenweise Anordnung des Bayreuther Orchesters, seine Verteilung unter die Schalldeckel und den Bühnenboden zeigen die beigegebenen Durchschnitt- und Querschnittzeichnungen.

Auf der Bühne fehlt aller leere Prunk, dagegen erfüllt das Bild in Licht und Farbe aufs herrlichste alle Forderungen der Dichtung. Man denke etwa an das Thüringer Waldtal vor der Wartburg im Frühling und Herbst, an den Sonnenglanz der Festwiese in den Meistersingern, an die wechselreichen Landschaftsbilder im Ring. Die Lichtwirkung ist besonders im Holländer wundervoll. Der dem Abgrund entschwebende Ton wandelt sich auf der Szene zum Licht. So sind uns Auge und Ohr gehellt und gestimmt, um das Drama zu schauen und zu vernehmen.

Die Gestalten, die Figurinen, sind feinsinnig auf ihre Umwelt abgetönt, so dass alles einheitlich zusammenwirkt. In den Gewändern sind einfache Grundfarben bevorzugt, alles Bunte, Grelle, Schreiende ist vermieden. Ich erwähne z. B. die herrlichen Gestalten im Rheingold, die fast sinnbildlich wie verkörperte Naturmythen aus der Landschaft hervortreten. Prächtig nehmen sich die drei Wotansgestalten aus: im Rheingold der königliche Herrscher, in der Walküre der kriegerische Herzog unterm Goldhelm, in Goldbrünne mit rotem Mantel, im Siegfried der Greis im grauen Gewand. Fast erschöpfend sind hiermit alle Erscheinungsformen gegeben, unter denen Odin durch die nordischen Sagen und Lieder schreitet. In glücklicher Weise sind in Bayreuth archäologische, geschichtliche Vorbilder mit freier künstlerischer Erfindung verknüpft.

Das Spiel ist in edelster Weise stilisiert, vor allem auf vornehme, schlichte Einfachheit und Sparsamkeit zurückgeführt.

Wagner schreibt vom Spiel 1882: „Wo wir uns im Opernaffekte gewöhnt hatten, mit beiden, weit ausgebreiteten Armen, wie um Hilfe rufend uns zu gebaren, durften wir finden, dass eine halbe Erhebung eines Armes, ja eine charakteristische Bewegung der Hand, des Kopfes, vollkommen genügte, um der irgendwie gesteigerten Empfindung nach aussen Wichtigkeit zu geben, da diese Empfindung in ihrer mächtigsten Bewegung durch starke Kundgebung erst dann wahrhaft erschütternd wirkt, wenn sie nun, wie aus langer Verhaltung mit Naturgewalt hervorbricht." Das gewöhnliche Opernspiel äussert sich in ganz leeren, bedeutungslosen, langweiligen Bewegungen. Der Schauspieler im gesprochenen Drama sucht meist selber nach passenden, charakteristischen Gebärden.

Im Drama Wagners ist weder das eine noch das andre erlaubt. Opernschablone verletzt aufs gröblichste den plastischen Geist dieser unvergleichlichen Kunstwerke, Schauspielertechnik oder gar theatralische Pose stört die hoheitsvolle Ruhe des musikalischen Dramas durch Hast, Unruhe, Willkür, Unnatur. Wagner gibt ja sehr viele Spielweisungen, die zunächst genaustens befolgt werden müssen. In seinen Schriften, vor allem aber durch persönliche Unterweisung in den von ihm geleiteten Proben hat er noch sehr viel hinzugefügt. Aber das Wichtigste steht doch nur in der Musik, ist aus dem Ton zu lesen und auszulösen. Schon Goethe bemerkt vom musikalischen Drama, „dass Deklamation, Mass, Ausdruck, Bewegungen vom Dichter auf den Darsteller übertragen werden", während im gesprochenen Drama der Darsteller erst alles erfinden müsse. Der musikalische Schauspieler ist erst in Bayreuth vor uns getreten. Seine Seele muss immer mitsingen, mitschwingen; dem Rhythmus der Seele gesellt sich dann fast von selbst mit ergreifend schöner Natürlichkeit der Rhythmus des Leibes und der Rede, d. h. wahres, edles Mienen- und Augenspiel, stilgerechte Gebärde und beseelter Vortrag. So wird jede der sparsamen Bewegungen durchaus natürlich, wahr und bedeutsam. Der Dichter muss völlig im Darsteller aufgegangen sein.

Die Gesangskunst muss auf die Grundlage deutscher Sprache gestellt werden; Deutlichkeit und Natürlichkeit der Aussprache und Wortbetonung, grosse Genauigkeit im Wort- und Notentext, festes Zeitmass sind Haupterfordernis. Eine Regel Wagners lautet: „Deutlichkeit! Die grossen Noten kommen von selbst, die kleinen Noten und ihr Text sind die Hauptsache. Nie dem Publikum etwas sagen, sondern immer dem andern; in Selbstgesprächen nach unten oder nach oben blickend, nie gerad' aus." Von den Münchener Meistersingerproben 1868 erzählt Wagner, „dass die Sänger mit der Lösung ihrer so schwierigen Aufgabe zur Aneignung eines fortwährenden Dialoges durchgedrungen waren, der ihnen endlich so leicht und natürlich fiel, wie die gemeinste Rede des Lebens; sie, die zuvor, wenn es Opernsingen hiess, sofort in den Krampf eines falschen Pathos verfallen zu müssen glaubten, fanden sich jetzt im Gegenteile angeleitet, mit getreuester Natürlichkeit rasch und lebendig zu dialogisieren, um erst von diesem Punkt aus, unmerklich zu dem Pathos des Rührenden zu gelangen, welches dann zu ihrer eignen Überraschung das wirkte, was dort den krampfhaftesten Anstrengungen nie gelingen wollte". Auch aus den Parsifalproben 1882 teilt Wagner mit, wie vor allem auf grösste Deutlichkeit und zwar zunächst der Sprache gehalten ward. Weise Sparsamkeit in Verwendung des Atems, wie der plastischen Bewegung ermöglichte, „lange melodische Linien undurchbrochen einzuhalten, obgleich in ihnen die empfindungsvollsten Akzente in mannigfaltigster Färbung wechselten".

Wer unter „Bayreuther Regie" irgend einige neue wirkungsvolle Kunstgriffe sehen würde, überhaupt diesen Zweig der Bayreuther Kunst gesondert behandeln wollte, würde sich schwer irren. In der Partitur schlummert die Seele dieses wunderhehren deutschen Dramas, im „mystischen Abgrund" wird sie lebendig und hat sich von dort aus ihr Haus gebaut, sie erhebt sich in den Darsteller und ins Bühnenbild und macht den Zuhörer hellsichtig, alle diese Wunder unmittelbar zu schauen und mitzuleben. In dieser unlöslichen Einheit liegt das Wesen der echten Bayreuther Kunst, die nur aus reinstem künsterischen Wollen aller Beteiligten an geweihter Stätte erblühen kann.

Vom ersten Festspiel sagt Wagner: „Gewiss hat nie einer künstlerischen Genossenschaft ein so wahrhaft nur für die Gesamtaufgabe eingenommener und ihrer Lösung mit vollendeter Hingebung zugewendeter Geist innegewohnt, als er hier sich kundgab." „Hier war alles ein schöner, tiefbegeisterter Wille, und dieser erzeugte einen künstlerischen Gehorsam, wie ihn ein zweiter nicht leicht wieder antreffen dürfte." „Ein schöner Zauber machte bei uns alle g u t." Und auch 1882 durfte hervorgehoben werden: ‚Ein jeder verstand das Ganze und den Zweck der erstrebten Wirkung des Ganzen. Keiner glaubte sich zuviel zugemutet, niemand zuwenig sich geboten. Jedem war das Gelingen wichtiger als der Beifall." Dazu bedarf es freilich eines grossen und starken, alles leitenden künstlerischen Willens, einer allumfassenden „Spielleitung", die aufs innigste mit dem Kunstwerk vertraut ist. Solche wahrhaft schöpferische Leitung waltet auch heute noch über der

Bayreuther Kunst und wirkt lebendige Wunder.

Das aus den Ansprüchen des musikalischen Dramas erbaute Haus bietet äusserlich eine neue ungewohnte Erscheinung: Bühne und Zuschauerraum erscheinen in ihrer natürlichen Gestalt, nicht in der Form eines hässlichen, länglichen Kastens versteckt. Wagner glaubt, mit dem Bayreuther Haus zu der deutlichen Aufstellung einer für die deutsche Baukunst überaus dankbaren Aufgabe gelangt zu sein. Das Haus „belehrt uns gewissermassen handgreiflich darüber, was unter einem Theatergebäude zu verstehen ist, wenn es auch äusserlich ausdrücken soll, welchem Zwecke es zu entsprechen hat". Sempers Münchener Entwurf, in edlem, monumentalem Stein gedacht und in schöne Verhältnisse zwischen den einzelnen Teilen gesetzt, beweist, wie prächtig solch ein Bau an würdiger, die Umgebung allein beherrschender Stelle wirken könnte. Das Bayreuther Haus bezeichnet Wagner nur als einen Notbau, „zu welchem die für München früher entworfenen

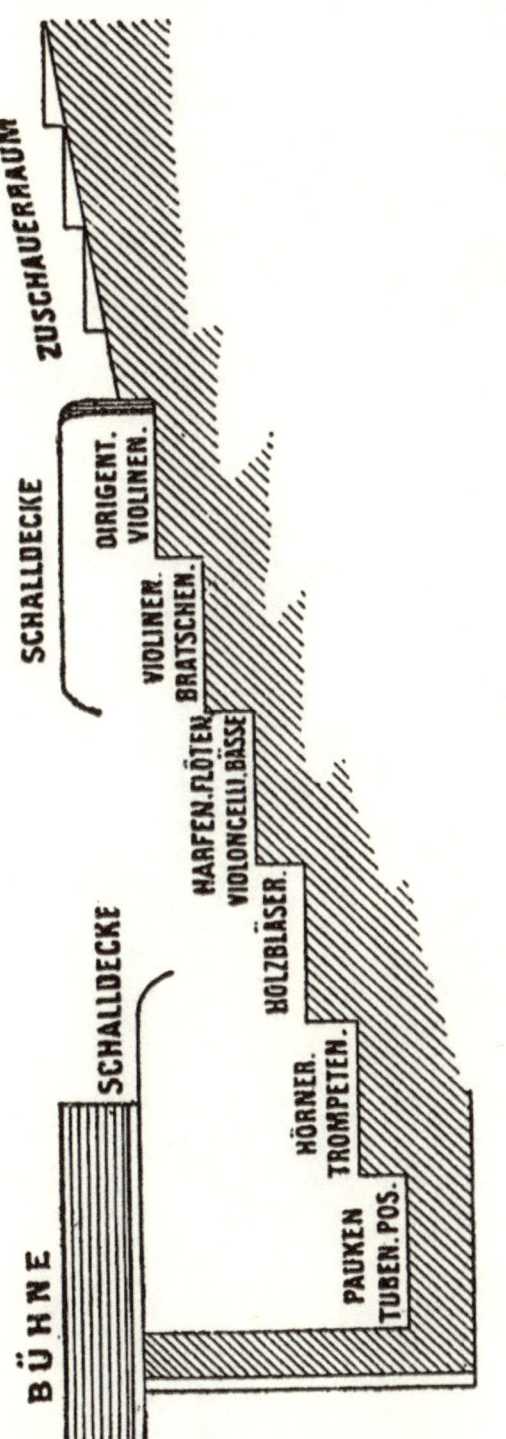

Semperschen Pläne eigentlich nur so weit benutzt werden konnten, als in ihnen meine Angaben vorlagen". Mithin erscheint es in völlig schmuckloser Reinheit als die allerunmittelbarste, wenn auch nur skizzierte Gestaltung des Wagnerschen Gedankens. Seltsam ist die Tatsache, dass Sempers Entwurf, obwohl ganz auf den Wagnerschen Gedanken begründet, gerade in seiner äusseren Form, in der deutlichen Trennung von Bühnenhaus und Schauhaus, im modernen Theaterbau, z. B. im neuen Dresdener Opernhaus und im Wiener Burgtheater trotz Beibehaltung der Logenränge eingeführt wurde. Es ist aber keineswegs das Wesen des deutschen Geistes, von aussen nach innen zu bauen. Im echten Kunstwerk entspringt alles einer inneren Not.

Wagner schreibt an Feustel: „Wir geben mit diesem Bau nur den Schattenriss der Idee und übergeben diesen der Nation zur Ausführung als monumentales Gebäude." Und weiter sagt der Meister: „Somit rage unser provisorischer, wohl nur sehr allmählich sich monumentalisierender Bau des Festspielhauses für jetzt als ein Mahnzeichen in die deutsche Welt hinein, welcher es darüber nachzusinnen gebe, worüber diejenigen sich klar geworden waren, deren Teilnahme, Bemühung und Aufopferung es seine Errichtung verdankt. Dort stehe es, auf dem lieblichen Hügel bei Bayreuth!"

„Dem Heiltum baute er das Heiligtum!"

DER BAYREUTHER GEDANKE

Nietzsche hat dieses Wort geprägt: „Um wenigstens sein grösstes Werk vor diesen missverständlichen Erfolgen und Beschimpfungen zu retten und es in seinem eigensten Rhythmus zum Beispiel für alle Zeiten hinzustellen: erfand Wagner den Gedanken von Bayreuth. Im Gefolge jener Strömung der Gemüter (nach 1870) glaubte er auch auf der Seite derer, welchen er seinen kostbaren Besitz anvertrauen wollte, ein erhöhteres Gefühl von Pflicht erwachen zu sehen: aus dieser Doppelseitigkeit von Pflichten erwuchs das Ereignis, welches wie ein fremdartiger Sonnenglanz auf der letzten und nächsten Reihe von Jahren liegt: zum Heile einer fernen, einer nur möglichen, aber unbeweisbaren Zukunft ausgedacht, für die Gegenwart und die nur gegenwärtigen Menschen nicht viel mehr, als ein Rätsel oder ein Greuel, für die wenigen, die an ihm helfen durften, ein Vorgenuss, ein Vorausleben der höchsten Art, durch welches sie weit über ihre Spanne Zeit sich beseligt, beseligend und fruchtbar wissen, für Wagner selbst eine Verfinsterung von Mühsal, Sorge, Nachdenken, Gram, ein erneutes Wüten der feindseligen Elemente, aber alles überstrahlt von dem Sterne der selbstlosen Treue und, in diesem Lichte, zu einem unsäglichen Glücke umgewandelt." Chamberlain sagt zu diesen Worten: „Man sieht, wie im Verlaufe dieses einen Satzes der Begriff ‚Gedanke von Bayreuth' sich erweitert: zuerst gilt er allein dem Vorsatz Wagners, sein grösstes Werk, nämlich den Ring des Nibelungen, vor missverständlichen Erfolgen zu retten; dann aber — und ohne dass er mit peinlicher Ausführlichkeit weitere Kreise um diesen Ausgangspunkt zöge — lässt Nietzsche dieses Bayreuth immer heller vor unseren Augen erglänzen, wie Parsifal den Gral, bis zuletzt das künstlerische Vorhaben zwar immer noch als die vollendete Form, als die bezaubernde Gestalt erscheint, wir aber im Innern die noch tiefere Glut eines rein ethischen Beweggrundes erblicken: den Stern der selbstlosen Treue."

Bayreuth ist nicht bloss das ersichtlich

gewordene Sinnbild einer neuen Kunst, sondern auch einer neuen Kultur, die sich beide ineinander spiegeln sollten. Um den Bayreuther Gedanken zu erfassen, bedarf es hoher geistiger, künstlerisch einheitlicher Kultur. Um den Meister muss eine würdige Gemeinde sich scharen. „Damit ein Ereignis Grösse habe, muss zweierlei zusammenkommen: der grosse Sinn derer, die es vollbringen, und der grosse Sinn derer, die es erleben ... Uns Vertrauensvolleren muss es so erscheinen, dass Wagner ebenso an die Grösse seiner Tat, als an den grossen Sinn derer, welche sie erleben sollen, glaubt. Darauf sollen alle jene stolz sein, welchen dieser Glaube gilt." So schrieb Nietzsche 1876. Wagner musste gestehen: „Wie leicht selbst Taten wirkungslos bleiben, erfuhren wir an dem Schicksale der Bayreuther Bühnenfestspiele: ihren Erfolg kann ich bis jetzt lediglich darin suchen, dass mancher einzelne durch die empfangenen bedeutenden Eindrücke zu einem näheren Eingehen auf die Tendenzen jener Tat veranlasst wurde. Dass es mir gerade an dieser Aufmerksamkeit liegt, müssen unsere Freunde aus der Begründung dieser (Bayreuther) Blätter ersehen haben. Ich gestehe, dass ich jene andere, der unsrigen etwa entgegenkommende Tat nicht eher erwarten zu dürfen glaube, als bis die Gedanken, welche ich mit dem ‚Kunstwerk der Zukunft' verbinde, ihrem ganzen Umfange nach beachtet, verstanden und gewürdigt worden sind.

Gerade mir ist es aufgegangen, dass, wie ich für die richtige Darstellung meiner künstlerischen Arbeiten erst mit den beabsichtigten Bühnenfestspielen in dem hierfür besonders erfundenen und ausgeführten Bühnenfestspielhause in Bayreuth einen Boden zu gewinnen hatte, auch für die Kunst überhaupt, für ihre richtige Stellung in der Welt, erst **ein neuer Boden** gewonnen werden muss, welcher für das erste nicht der Kunst selbst, sondern eben der Welt, der sie zu innigem Verständnisse geboten werden soll, zu entnehmen sein kann. Hierfür hatten wir unsere Kulturzustände, unsere Zivilisation in Beurteilung zu ziehen, wobei wir diesen immer das uns vorschwebende Ideal einer edlen Kunst gleichsam als Spiegel vorhielten, um sie in ihm reflektiert zu gewahren." Unsere Erziehung und Bildung, unser ganzes öffentliches Leben bietet nur gelehrtes Stückwerk, nirgends wirkliche geistige Kultur. Darum wird auch eine Erscheinung wie Richard Wagner so wenig verstanden. Seine künstlerische Tat ist der Zeit weit vorausgeeilt. Nun gilt es, Halt zu machen und in die Welt zu blicken, wie sie sich dazu verhält. „Stellen wir uns immer auf die Bergesspitze, um klare Übersicht und tiefe Einsicht zu gewinnen!" Wagner begründete eine Zeitschrift, die Bayreuther Blätter, wo die Möglichkeit einer deutschen Kultur im Sinne der Bayreuther Kunst erwogen werden sollte. Hierfür verfasste er, von Anfang 1878 bis Ende 1881, jene tiefsinnigen, gedankenreichen Schriften, die mit der Frage „Was ist deutsch" anheben, um darauf die letzte, allumfassende Antwort zu finden: „Heldentum und Christentum". Da schrieb der Meister das herrliche Wort: „Deutsch ist, die Sache, die man treibt, um ihrer selbst und der Freude an ihr willen treiben; wogegen das Nützlichkeitswesen,

d. h. das Prinzip, nach welchem eine Sache des ausserhalb liegenden persönlichen Zweckes wegen betrieben wird, sich als undeutsch herausstellte." Und aus der Parsifalstimmung heraus erörterte er das Verhältnis zwischen Religion und Kunst, überall tiefste Fragen aufgreifend, mit dem Blicke des Sehers. Wagner erkannte „den Grund des Verfalles der historischen Menschheit, sowie die Notwendigkeit einer Regeneration". Er glaubte auch an die Möglichkeit solcher Erneuerung und Wiedergeburt und zwar durch das deutsche Volk und die christliche Religion. Es wird immer nur eine kleine Gemeinde bleiben, die den Hochflug dieser letzten Gedanken des Meisters mitzumachen imstande ist. Vom Bayreuther Hügel aus stellt sich Welt und Leben in ganz neuem Lichte dar und gar vieles scheinbar Wichtige und Wertvolle wird wesenlos. An der Weltanschauung eines wahrhaft Grossen innerlichen und wahren Anteil zu nehmen, ist köstlichster Gewinn. Vielen ist es vergönnt, wenn auch nicht im begrifflichen Denken, so doch im Gefühl und Empfinden, am Bayreuther Werk sich zu be-

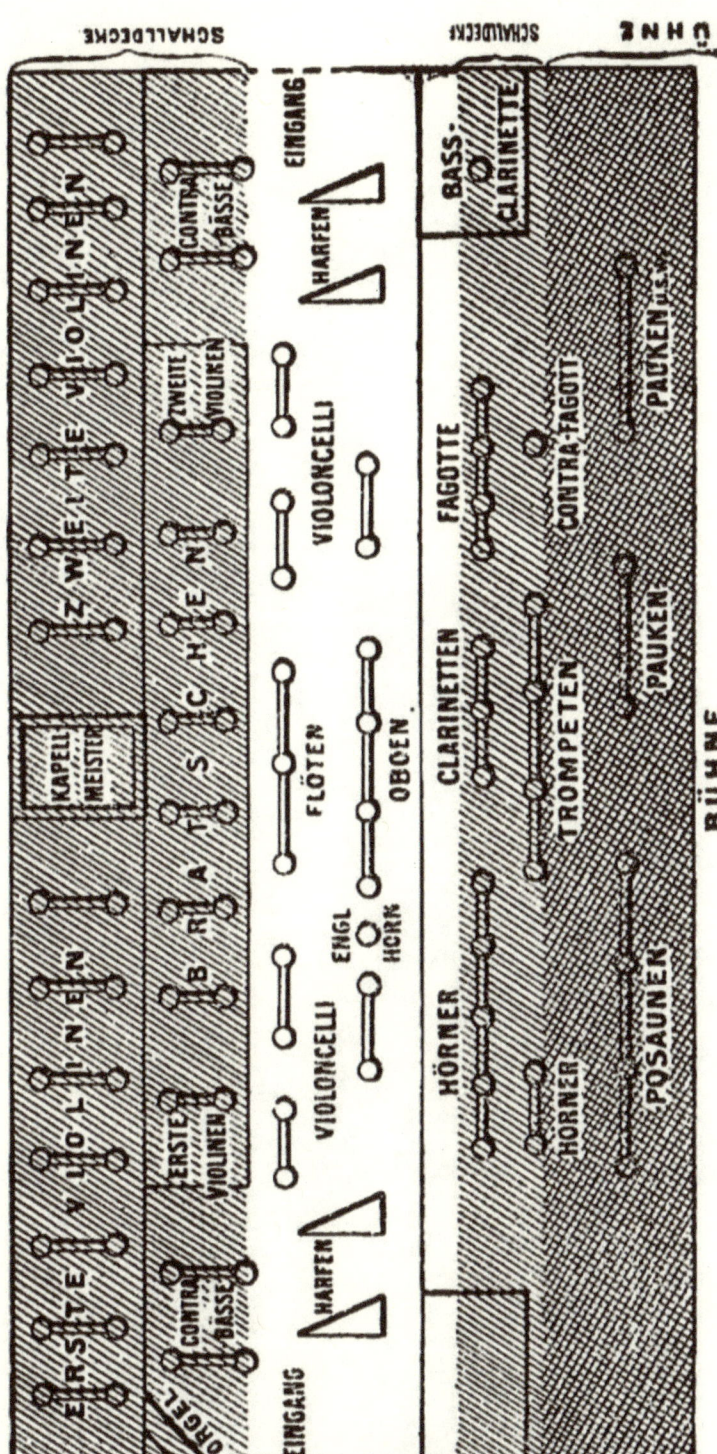

GRUNDRISS des Bayreuther Orchesters

teiligen und mitzuschaffen. Wer als Künstler oder Laie den Gral erschaut und ihm dient, der gehört schon zu jener Gemeinde. „Der einzelne soll zu etwas Überpersönlichem geweiht werden," sagt Nietzsche von der Kunst. Alles Hohe und Ideale in unserem Leben erwächst aus dem Überpersönlichen, in dem alles Kleinliche und Gemeine vergeht. Wo aber wäre ein reicheres Feld für echten Gralsdienst, als auf dem Gebiete der Kunst und Kultur? Hier sind alle, die den Ruf vernehmen, zur Mitarbeit berufen.

Der Bayreuther Gedanke schliesst das Vermächtnis des Meisters in seinem ganzen Umfang in sich. Die Erhaltung der Festspiele, bis 1882 den Patronen und dem Patronatverein ausschliesslich zur Aufgabe gesetzt, ist inzwischen ganz der Öffentlichkeit, d. h. den Besuchern dieser Spiele anheimgegeben. Der Verwaltungsrat besorgt in selbstloser Hingabe die nötigen Geschäfte. Die künstlerische Aufgabe liegt in allertreuster Hut. Über alledem waltet „der Stern selbstloser Treue", Wunder wirkend, Leben schaffend. Die Aufgabe der Monumentalisierung des Bayreuther Hauses ist schon von verschiedenen Seiten her ins Auge gefasst, aber vorläufig, da der „Notbau" noch viele Jahre aushalten kann, über dringenderen Fragen zurückgesetzt worden. In einem Brief an Friedrich Schön in Worms wünschte Wagner, dass die bisherigen Patrone des Kunstwerkes nun Patrone des Publikums würden, das am Kunstwerk sich erfreuen und bilden soll. Wagner griff zum ersten und reinsten Gedanken der Festspiele mit freiem Eintritt zurück. „Als die erste und allerwichtigste Aufgabe für ein neuzubildendes Patronat stellt sich mir dar, die Mittel zu beschaffen, um gänzlich freien Zutritt, ja nötigenfalles die Kosten der Reise und des fremden Aufenthaltes, solchen zu gewähren, denen mit der Dürftigkeit das Los der meisten und oft tüchtigsten unter Germaniens Söhnen zugefallen ist. Eine solche Organisation müsste ganz selbständig, als ein moralischer Akt des Publikums für das Publikum, somit ohne alle eigentliche Berührung mit der Tätigkeit des Verwaltungsrates der Bühnenfestspiele in das Leben treten, wenngleich dieser jederzeit bemüht sein würde, das Patronat nach Kräften und Bedürfnis durch Freiplätze zu unterstützen ... Hier ist die für unsern Zweck best erdenkliche Schule; und haben wir hierbei noch zu lehren, d. h. — zu erklären, und den weiten Zusammenhang zu verdeutlichen, in welchen wir uns durch unser Kunstwerk mit fernest hinreichenden Kulturgedanken versetzt glauben, so soll eine reichlichst gepflegte Zeitschrift, als erweiterte Fortsetzung unserer bisherigen Bayreuther Blätter, in freiester Weise uns hierfür die Wege offen erhalten. Niemanden soll aber Mittellosigkeit von der Möglichkeit der wirkungsvollsten Teilnahme an unseren Bestrebungen und Leistungen ausschliessen: was jetzt lächerlich unbehilfliche Reisestipendien für gekrönte Preiskompositionen u. dgl. gegen die Verpflichtung, in Rom oder Paris höhere Studien zu vollenden, gedankenlos bewirken wollen, werden wir verständiger und sinnvoller zu verrichten wissen, wenn wir eine innige Teilnahme an der Bildung unserer eigenen Kunst jedem hierzu Befähigten offen stellen."

Seit 1882 trat die Stipendienstiftung für die Bayreuther Festspiele in Wirkung, zuerst unter Friedrich Schön in Worms, dann unter Max Gross in Laineck bei Bayreuth, wohin die Gesuche um Gewährung eines Stipendiums zu richten sind. Die Geldmittel dieser Stiftung bestehen aus freiwilligen Beiträgen von Freunden der Sache und aus satzungsmässigen Zuschüssen, die der Allgemeine Richard-Wagner-Verein leistet. Die Gelder werden verzinslich angelegt und dienen zum Ankauf von Karten und auch zur Zahlung von Reisekosten. Trotz seinen verhältnismässig bescheidenen Mitteln hat der Stipendienfonds schon sehr segensreich gewirkt und vielen den Besuch der Festspiele erleichtert, ja überhaupt ermöglicht. Eben jetzt ist wieder eine Bewegung im Gang, um den Stipendienfonds zu kräftigen. Möchte doch dieser Gedanke recht weite Verbreitung unter den Festspielbesuchern finden! Alle Freunde der Bayreuther Sache sollten sich, sei es auch nur mit kleinen Spenden, an der Verwirklichung dieses hochherzigen Gedankens beteiligen, um das Andenken Richard Wagners so recht in seinem

Sinne zu ehren, sich und anderen zu Nutz und Frommen.

Das Haus Wahnfried, der Verwaltungsrat und die Künstler erhalten die Spiele; uns aber, und zunächst den Deutschen, steht es zu, mitschöpferisch dem Bayreuther Gedanken nahezutreten, die im Festspiel gewonnenen Eindrücke zu vertiefen und zu betätigen, recht ernstlich dem Studium der Schriften Richard Wagners und der Blätter obzuliegen, um unsre künstlerischen Erlebnisse zu einer klaren und festen Weltanschauung zu erheben, endlich am Stipendienfonds nach Kräften mitzuhelfen, um auch andern die Pilgerfahrt zum Grale zu ermöglichen. Durch Übernahme dieser leichten und sehr einfachen Pflichten werden wir die „mitschöpferischen Freunde", die der Meister sich wünschte. Und daraus folgt schliesslich ganz von selber alles Weitere, das Wissen und Wirken des Bayreuther Gedankens.

Zum Schlusse mögen die herrlichen Worte Nietzsches stehen:

„Für uns bedeutet Bayreuth die Morgenweihe am Tage des Kampfes. Man könnte uns nicht mehr Unrecht tun, als wenn man annähme, es sei uns um die Kunst allein zu tun: als ob sie wie ein Heil- und Betäubungsmittel zu gelten hätte, mit dem man alle übrigen elenden Zustände von sich abtun könnte. Wir sehen im Bilde jenes tragischen Kunstwerkes von Bayreuth gerade den Kampf der einzelnen mit allem, was ihnen als scheinbar unbezwingliche Notwendigkeit entgegentritt, mit Macht, Gesetz, Herkommen, Vertrag und ganzen Ordnungen der Dinge. Die einzelnen können gar nicht schöner leben, als wenn sie sich im Kampfe um Gerechtigkeit und Liebe zum Tode reif machen und opfern. Der Blick, mit welchem uns das geheimnisvolle Auge der Tragödie anschaut, ist kein erschlaffender und gliederbindender Zauber, — obschon sie Ruhe verlangt, solange sie uns ansieht. Denn die Kunst ist nicht für den Kampf selber da, sondern für die Ruhepausen vorher und inmitten desselben, für jene Minuten, da man zurückblickend und vorahnend das Symbolische versteht, da mit dem Gefühl einer leisen Müdigkeit ein erquickender Traum uns naht. Der Tag und der Kampf bricht gleich an, die heiligen Schatten verschweben, und die Kunst ist wieder ferne von uns; aber ihre Tröstung liegt über dem Menschen von der Frühstunde her."

www.ingramcontent.com/pod-product-compliance
Lightning Source LLC
Chambersburg PA
CBHW030123240426
43673CB00041B/1376